W0055945

Daniela Friedl
**Vegane Hausmannskost**

ISBN 978-3-99025-111-9
© 2013 Freya Verlag KG
Alle Rechte vorbehalten
A-4020 Linz
www.freya.at

Layout: freya_art, Daniela Waser
Lektorat: Mag. Dorothea Forster
Fotos: Daniela Friedl, Christina Fink (S. 41 und 81)

printed in EU

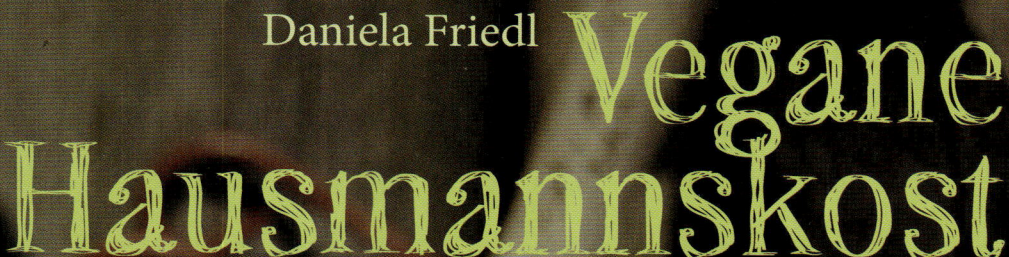

Daniela Friedl

# Vegane
# Hausmannskost

freya

Ich widme dieses Buch meinem Onkel Ferdinand (1950–2011),
einem Kenner der österreichischen Geschichte
und Liebhaber unserer unverwechselbaren Küche,
sowie meiner lieben Oma Maria, der besten Krapfenbäckerin Salzburgs.
*Danke für deine Geduld und die wertvollen Ratschläge!*

 „Tradition ist die Weitergabe des Feuers
und nicht die Anbetung der Asche."

GUSTAV MAHLER

# Kulinarische Erinnerungen

Da ich im Salzburger Seengebiet aufgewachsen bin, sind meine Erinnerungen geprägt von der unverwechselbaren österreichischen Hausmannskost. Gerne erinnere ich mich an die Gerichte meiner Kindheit – wärmende Suppen und deftige Mahlzeiten, gefolgt von feinen Mehlspeisen.

Am liebsten half ich meiner Oma in der Küche, vernaschte mehr Teig, als dem Kuchen guttat und war großteils damit beschäftigt, die klebrige Masse von meinen kleinen Fingern wieder abzubekommen. Ich genoss die Wärme des Ofens und die vertrauten Gerüche. Nichts duftete in meiner kleinen Welt so gut wie Omas frischer Apfelkuchen.

Auch heute noch verbinde ich gewisse Speisen mit Heimat, Familie und Zugehörigkeit. Als ich beschloss, vegan zu leben, befürchtete ich, diese lieb gewonnenen Wegbegleiter für immer verloren zu haben.

Doch Veganismus hat nichts mit Verzicht oder Verlust zu tun. Ganz im Gegenteil – ein bisschen Mut, Kreativität und Vorstellungskraft und man ist bestens gewappnet für das Abenteuer „Vegane Hausmannskost".

Mit diesem Buch halten Sie eine kleine Liebeserklärung an die österreichische Küche in Händen. Nach monatelanger Recherche, vielen guten Tipps meiner Oma und mehrmaligem Ausprobieren stelle ich Ihnen hier eine Auswahl meiner ganz persönlichen Lieblingsgerichte aus Kindertagen vor – neu entdeckt, vegan und tierleidfrei.

Ich wünsche gutes Gelingen, viel Spaß beim Zubereiten und guten Appetit!

*Daniela*

# Inhalt:

# DEFTIGE SCHMANKERLN

# WOS FÜA DE SIASSN

## WARUM VEGAN?

154–157

# Die österreichische Küche

Österreich wird weltweit mit seiner traditionell bodenständigen Küche und den besonders feinen Mehlspeisen in Verbindung gebracht. Wien war als österreichische Hauptstadt die kulinarische Schatzkammer des habsburgischen Herrschaftsgebietes. Dieses erstreckte sich jenseits von Österreichs Grenzen über Gebiete der heutigen Staaten Ungarn, Tschechien (Böhmen und Mähren), Slowakei, Polen, Italien, Slowenien, Kroatien, Serbien, Rumänien und Ukraine.

Die multikulturelle Vielvölkerküche ist eine wahre Bereicherung für den Gaumen. Die unverwechselbaren Einflüsse der k. u. k. Kochtradition machen das kulinarische Erbe der Alpenrepublik zu einem vielfältigen und abwechslungsreichen Schatz, in dem jedes der einst zugehörigen Länder seine ganz eigenen Spuren hinterlassen hat. Klassiker wie Palatschinken (abgeleitet vom tschechischen „palačinka") oder Gulasch (stammt vom ungarischen „gulyás") sind zeitlos und begeistern jede Generation aufs Neue.

Auch wenn die österreichische Küche oft mit der Wiener Küche gleichgesetzt wird, so hat jedes der neun Bundesländer seine eigenen traditionellen und von den regionalen Produkten geprägten Gerichte.

Noch heute sind die Liebe zum Essen, die besondere Atmosphäre und die österreichische Gemütlichkeit in den Wirtshäusern, Heurigen und Kaffeehäusern allgegenwärtig.

# Hilfreiche Infos zu den Rezepten

## Die Mengenangaben

EL = Esslöffel
TL = Teelöffel
kg = Kilogramm
g = Gramm
cl = Zentiliter
ml = Milliliter

## Alternativen

Die Begriffe „pflanzliche Milch", „pflanzliches Schlagobers" „pflanzliche Cuisine", „pflanzliche Butter" sowie „pflanzlicher Käse" wurden in den Rezepten bewusst offen gehalten. Der Zusatz „pflanzlich" kommt nur in den Zutatenlisten vor und wird zugunsten der besseren Lesbarkeit im Rezept nicht nochmals erwähnt.

Die **pflanzliche Milch** ist auf Soja-, Reis-, Kokos-, Dinkel-, Hafer-, Mandel-, Haselnuss-, Quinoa- und Hirse-Basis erhältlich.

Ich persönliche empfehle aufgrund des Geschmacks und der Konsistenz Soja-Frischmilch und rate, sowohl auf die biologische Erzeugung als auch auf regionale Anbaugebiete zu achten.

Bitte berücksichtigen Sie, dass sowohl Mandel- als auch Haselnussmilch über eine spezielle Eigensüße sowie einen besonders nussigen Geschmack verfügen, weshalb diese Sorten in den Rezepten extra angeführt werden.

**Pflanzliches Schlagobers** wird auf Soja-, Reis- und Kokosbasis angeboten und lässt sich wunderbar aufschlagen.

Besonders erwähnenswert ist die **Sojacreme**, diese stellt eine ideale Alternative zu Sauerrahm (Schmand) und Crème fraîche dar, ist in der Konsistenz cremiger und fester als **pflanzliche Cuisine** (derzeit auf Soja-, Reis-, Dinkel- und Haferbasis erhältlich).

**Pflanzlicher Käse** wird in der Regel auf der Grundlage von verschiedenen Pflanzenölen und/oder Tofu hergestellt.

Je nach Anbieter variieren sowohl Geschmack als auch Schmelzfähigkeit, hier gilt es, einfach zu testen und so das persönliche Lieblingsprodukt herauszufinden. Grundsätzlich wird pflanzlicher Käse sowohl in Blockform, in Scheiben, streichfähig als auch gerieben angeboten.

Die **pflanzliche Butter** unterscheidet sich in Konsistenz, Form und Geschmack kaum von der Kuhmilchbutter und besteht zum Großteil aus verschiedenen pflanzlichen Ölen.

## Worauf Sie beim Einkauf achten sollten – vegane Fallen

Tierleid ist in vielen Lebensmitteln versteckt. Hier eine kleine Aufstellung, welche Zutaten tierischer Herkunft sich in den verwendeten Produkten verstecken können.

- **Toastbrot:** Butterreinfett, Milchpulver
- **Gemüsebrühe:** Milchpulver, Milchsäure, Rinderfett, Molke
- **Weißwein und Essig:** Weißwein wird ebenso wie Essig oft durch Fischblasen, Gelatine oder Eiklar geklärt
- **Knödelbrot/Semmelbrösel (Paniermehl):** Milchpulver, Schweinefett, Butterreinfett, Ei
- **Nudeln:** Ei
- **Marmelade (Konfitüre):** Gelatine
- **Zartbitterschokolade:** Butterreinfett, Molkepulver, Milchpulver
- **Blätterteig:** Butterreinfett, Speisefettsäuren tierischen Ursprungs
- **Nougat:** Milchpulver, Molkepulver
- **Marzipan:** Honig

## Regionale Produkte

Bis auf wenige Ausnahmen werden in diesem Buch aufgrund der Nachhaltigkeit regionale Produkte verwendet. Es empfiehlt sich auch, saisonal zu kochen, bei einigen Gerichten werden alternative Zutaten angeboten, sollte das derzeitige saisonale Angebot nicht mit den im Rezept verwendeten Zutaten übereinstimmen.

## Biologische Produkte

Ich persönliche empfehle, wenn möglich auf regionale, biologisch erzeugte Produkte zurückzugreifen. Bei Zitrusfrüchten weise ich explizit auf Bio-Qualität hin, da hier die Schale zum Verzehr verwendet wird.

# HEIMISCHE HONIG-ALTERNATIVEN

# Löwenzahnhonig

## ZUTATEN:

- 500 g Löwenzahnblüten
- 2 Liter Wasser
- 2 kg Zucker
- 2 Bio-Zitronen

## ZUBEREITUNG:

1. Die Blüten gut waschen und anschließend im Wasser sowie dem Saft der zwei Zitronen ca. eine halbe Stunde lang kochen lassen.

2. Die Blüten abseihen, den Sud mit dem Zucker versehen und abermals eine Dreiviertelstunde kochen.

3. Während des Vorgangs immer wieder den entstehenden Schaum abschöpfen.

4. Die Hitze reduzieren und den Löwenzahnhonig noch weitere zwei Stunden lang schwach köcheln lassen.

5. Wenn die gewünschte Konsistenz erreicht ist, in saubere Schraubgläser abfüllen.

# Tannenwipfel-honig

## ZUTATEN:

- 1 kg junge Tannenwipfel
- 2 Liter Wasser
- 2 kg Zucker
- ½ Bio-Zitrone
- 2 EL Rum

## ZUBEREITUNG:

1. Die Tannenwipfel gut waschen und anschließend im Wasser ca. zwei Stunden lang köcheln lassen.

2. Danach die Wipfel durch ein Tuch gut abseihen, den Sud mit dem Zucker versehen und abermals eine Dreiviertelstunde kochen.

3. Wenn die gewünschte Konsistenz erreicht ist, den Honig auskühlen lassen.

4. Den Saft einer halben Zitrone sowie den Rum hinzugeben und in saubere Schraubgläser abfüllen.

### TIPP

*Es empfiehlt sich, die Löwenzahnblüten an einem sonnigen, warmen Tag fernab von befahrenen Straßen zu ernten.*

# AUF'S BROT GSCHMIERT

# Apfel-Zwiebel-Schmalz

**ZUTATEN:**

- 200 g Kokosfett
- 2 große Zwiebeln
- 1 großer Apfel
- 50 ml Sonnenblumenöl
- 1 Suppenwürfel *(Gemüsebrühe)*
- 1 EL getrockneter Majoran

**ZUBEREITUNG:**

1. Einen Esslöffel Kokosfett leicht erhitzen.

2. Die Zwiebeln schälen, fein würfeln und im Kokosfett braun und knusprig braten.

3. Den entkernten Apfel ebenfalls in feine Stücke schneiden, hinzufügen und mitgaren.

4. Anschließend das restliche Kokosfett sowie das Öl beigeben und mit dem Suppenwürfel sowie dem Majoran würzen.

5. Noch warm in Gläser abfüllen, auskühlen lassen und im Kühlschrank aufbewahren.

### TIPP

*Vor dem Verzehr bei Zimmertemperatur weich werden lassen und am besten auf frisches Brot streichen.*

# Erdäpfelkäse

**ZUTATEN:**

- **300 g Erdäpfel** (*Kartoffeln*)
- **1 Zwiebel**
- **1 Bund Schnittlauch**
- **20 g pflanzliche Butter,** zimmerwarm
- **100 ml Sojacreme**
- **Pfeffer**
- **Salz**

**ZUBEREITUNG:**

1. Die Erdäpfel kochen, abschrecken, schälen und noch warm stampfen.

2. Die geschälte Zwiebel sowie den Schnittlauch fein hacken und zusammen mit der Butter und der Sojacreme unterheben.

3. Mit Salz und Pfeffer gut abschmecken und etwas durchziehen lassen.

**TIPP**

*Am besten zu frischem Brot servieren.*

# Zwiebelstreichwurst

**ZUTATEN:**

- 3 Zwiebeln
- 2 EL getrockneter Majoran
- 200 g Räuchertofu
- 400 g Kidneybohnen
- Öl
- Salz
- Pfeffer

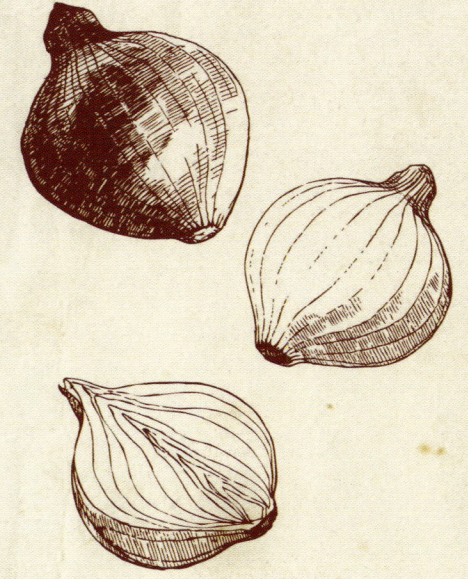

**ZUBEREITUNG:**

1. Die Zwiebeln schälen, fein hacken und mit dem Majoran in etwas Öl glasig braten.

2. Den Tofu würfeln und zusammen mit den Zwiebelstücken sowie den Bohnen im Mixer pürieren.

3. Währenddessen etwas Öl beimengen, bis eine cremige Masse entsteht.

4. Zum Schluss mit Salz und Pfeffer abschmecken.

**TIPP**

*In ausgekochten Marmeladegläsern abgefüllt, eignet sich die Zwiebelstreichwurst sehr gut als Geschenk oder Mitbringsel!*

# IN SUPPNTOPF GSCHAUT

# Grundrezept Gemüsebrühe

## ZUTATEN:

- 1 Suppengrün
- ½ Bund Petersilie
- 1 Zwiebel
- 1 Knoblauchzehe
- 2 EL Öl
- 1 Liter Wasser
- 1 Lorbeerblatt
- 3 Pfefferkörner
- 2 Gewürznelken
- Salz
- Pfeffer
- Zucker

## ZUBEREITUNG:

1. Das Suppengrün waschen, schälen und grob würfeln.

2. Die Zwiebel und Knoblauchzehe schälen und ebenfalls grob würfeln.

3. Etwas Öl in einem Topf erhitzen und das Gemüse darin gut anbraten.

4. Mit einem Liter Wasser aufgießen.

5. Das Lorbeerblatt sowie die Pfefferkörner und die Gewürznelken hinzugeben.

6. Die Brühe ca. 1,5 Stunden zugedeckt köcheln lassen.

7. 20 Minuten vor Ende der Garzeit die Petersilie grob hacken und hinzugeben.

8. Abschließend die Brühe durch ein Sieb gießen und mit Salz, Pfeffer und Zucker abschmecken.

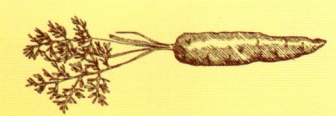

Suppengrün ist eine Mischung aus aromatischen Wurzelgemüsen wie Karotten (Möhren), Knollensellerie und Petersilienwurzel sowie Lauch (Porree) und Kräutern, beispielsweise Petersilie und/oder Thymian.

### TIPP

*Liebstöckl, auch „Maggikraut" genannt, gibt Suppen seine typische Würze. Nach Geschmack mitkochen!*

# Biersuppe

## ZUTATEN:

- 1 Zwiebel
- 2 Knoblauchzehen
- 25 g pflanzliche Butter
- 25 g Mehl
- 250 ml dunkles Weißbier
- 250 ml Gemüsebrühe
- 3 altbackene Brotscheiben
- Öl
- 100 ml Sojacreme
- Salz
- Pfeffer
- geriebene Muskatnuss
- Schnittlauch

## ZUBEREITUNG:

1. Die Zwiebel und die Knoblauchzehen schälen, fein hacken und in der erhitzten Butter glasig anbraten.

2. Mit Mehl stauben und die Einbrenn (*Mehlschwitze*) mit dem Weißbier und der Gemüsebrühe aufgießen.

3. Ca. 10 Minuten lang köcheln lassen.

4. In der Zwischenzeit die Brotscheiben würfeln und in einer Pfanne mit etwas Öl knusprig braten, anschließend beiseite stellen.

5. Anschließend die Sojacreme in die Suppe einrühren.

6. Diese zuletzt mit Salz, Pfeffer und etwas geriebener Muskatnuss abschmecken und mit gehacktem Schnittlauch sowie den Brotwürfeln garnieren.

# Breznsuppe

## ZUTATEN:

- 1 Zwiebel
- 25 g pflanzliche Butter
- 3 ungesalzene Brezn
- 500 ml Gemüsebrühe
- schmelzfähiger pflanzlicher Käse
- geriebene Muskatnuss
- 1 TL gehackte Petersilie

## ZUBEREITUNG:

1. Die Zwiebel schälen, fein hacken und in der erhitzten Butter glasig anbraten.

2. Die Brezn in kleine Stücke zerreißen und in eine Suppenschale geben.

3. Die Zwiebel sowie nach Belieben Käse dazugeben und mit Gemüsebrühe aufgießen.

4. Zuletzt mit etwas geriebener Muskatnuss abschmecken und mit gehackter Petersilie garnieren.

# Brotsuppe

**ZUTATEN:**

- 1 kleine Zwiebel
- 1 Knoblauchzehe
- 125 g altbackenes Schwarzbrot
- 2 EL pflanzliche Butter
- 250 ml Gemüsebrühe
- Salz
- Pfeffer
- ½ Bund Schnittlauch

**ZUBEREITUNG:**

1. Die Zwiebel sowie die Knoblauchzehe schälen und klein hacken.

2. Danach das Brot in ca. einen Zentimeter große Würfel schneiden.

3. Die Butter in einer Pfanne erhitzen und die Brotwürfel gemeinsam mit der Zwiebel und dem Knoblauch anbraten.

4. Die Gemüsebrühe separat erhitzen und anschließend dazugeben.

5. Kurz ziehen lassen, mit Salz und Pfeffer abschmecken und mit fein gehacktem Schnittlauch anrichten.

**TIPP**

*So landet altes Brot anstatt in der Biotonne in einer tollen Suppe!*

# Erdäpfelsuppe

## ZUTATEN:

- **250 g mehlige Erdäpfel** *(Kartoffeln)*
- **1 kleine Zwiebel**
- **pflanzliche Butter**
- **3 EL Mehl**
- **750 ml Wasser**
- **1 Knoblauchzehe**
- **1 Lorbeerblatt**
- **1 TL getrockneter Majoran**
- **geriebene Muskatnuss**
- **Salz**
- **Pfeffer**
- **1 EL gehackte Petersilie**

## ZUBEREITUNG:

1. Die rohen Erdäpfel schälen und würfeln.

2. Die Zwiebel fein hacken und in etwas zerlassener Butter zusammen mit den Erdäpfeln leicht anschwitzen.

3. Mit dem Mehl stauben, kurz rösten und mit Wasser aufgießen.

4. Den Knoblauch fein hacken und zusammen mit dem Lorbeerblatt, etwas Majoran und geriebener Muskatnuss beimengen.

5. So lange kochen, bis die Erdäpfel schön weich sind.

6. Die Suppe mit Salz und Pfeffer abschmecken, das Lorbeerblatt entfernen und die Suppe mit Petersilie bestreut servieren.

### TIPP

*Wer es etwas cremiger mag, kann die Suppe auch pürieren und mit einem Esslöffel Sojacreme verfeinern. Als Garnitur eignen sich auch Röstzwiebel und/oder Schnittlauchröllchen.*

# Frittatensuppe

ZUTATEN:

- 150 g Mehl
- 250 ml pflanzliche Milch
- 2 EL gehackte Petersilie
- Salz
- Pfeffer
- geriebene Muskatnuss
- pflanzliche Butter
- 1 Liter Gemüsebrühe
- 1 EL gehackter Schnittlauch

ZUBEREITUNG:

1. Das Mehl mit der Milch zu einem glatten Teig verrühren.

2. Die Petersilie hinzugeben und den Teig mit Salz, Pfeffer und geriebener Muskatnuss abschmecken.

3. Etwas Butter in einer Pfanne erhitzen.

4. Mit einem Schöpflöffel jeweils so viel von der Masse in die Pfanne geben und gleichmäßig verteilen, dass der Boden bedeckt ist.

5. Nacheinander die Palatschinken auf beiden Seiten goldbraun backen.

6. Sobald sie etwas ausgekühlt sind, jeweils zwei bis drei Stück übereinanderlegen, einrollen und in feine Streifen schneiden.

7. Die Gemüsebrühe erhitzen, die Frittaten dazugeben, um sie zu erwärmen, und im Anschluss mit Schnittlauch garniert heiß servieren.

# Knoblauchsuppe

## ZUTATEN:

- 10 Knoblauchzehen
- pflanzliche Butter
- 150 ml Weißwein
- 250 ml Wasser
- Salz
- Pfeffer
- 1 EL gehackte Petersilie
- pflanzliche Cuisine

## ZUBEREITUNG:

1. Den geschälten Knoblauch fein hacken und kurz in etwas zerlassener Butter anrösten.

2. Anschließend mit dem Weißwein ablöschen und mit Wasser aufgießen.

3. Aufkochen und ca. acht Minuten lang köcheln lassen, anschließend mit Salz und Pfeffer würzen.

4. Die Petersilie zusammen mit einem Schuss Cuisine beimengen.

5. Die Suppe gut pürieren und heiß servieren.

TIPP

*Geröstete Toastbrotwürfel eignen sich hervorragend als Einlage.*

# Krensuppe

- **1 kleine Zwiebel**
- **25 g pflanzliche Butter**
- **Mehl**
- **500 ml Gemüsebrühe**
- **5 EL geriebener Kren** (*Meerrettich*)
- **125 ml pflanzliche Cuisine**
- **Salz**
- **Pfeffer**
- **Kräuter**

## ZUBEREITUNG:

1. Die Zwiebel schälen, fein hacken und in der erhitzten Butter glasig anbraten.

2. Mit etwas Mehl stauben, mit Gemüsebrühe aufgießen und den Kren hinzugeben.

3. Die Suppe ca. zehn Minuten lang köcheln lassen.

4. Anschließend pürieren und mit der Cuisine verfeinern.

5. Zuletzt mit Salz und Pfeffer abschmecken und mit gehackten Kräutern garnieren.

**TIPP**

*Schwarzbrotwürfel in etwas pflanzlicher Butter anrösten und als Suppeneinlage reichen.*

# Kürbiscremesuppe

## ZUTATEN:

- 1 Zwiebel
- pflanzliche Butter
- 1 mittelgroßer Hokkaido Kürbis
- 500 ml Gemüsebrühe
- 100 ml pflanzliche Cuisine
- Salz
- Pfeffer
- geriebene Muskatnuss
- Kürbiskernöl
- Kürbiskerne

## ZUBEREITUNG:

1. Die Zwiebel schälen, fein würfeln und in Butter anschwitzen.

2. Den Kürbis vom Strunk sowie vom Kerngehäuse befreien, in kleine Stücke schneiden und hinzugeben.

3. Mit der Gemüsebrühe aufgießen und so lange kochen, bis der Kürbis weich ist.

4. Danach die Cuisine hinzugeben und im Mixer oder mit dem Pürierstab fein pürieren.

5. Die Suppe mit Salz, Pfeffer und geriebener Muskatnuss abschmecken.

6. Zuletzt mit einem Schuss Kürbiskernöl sowie einigen Kürbiskernen garnieren.

### TIPP
*Der Hokkaido muss aufgrund seiner dünnen Schale nicht geschält werden – praktisch, wenn's mal schneller gehen soll.*

# Saure Suppe

## ZUTATEN:

- 1 Zwiebel
- 2 Knoblauchzehen
- 25 g pflanzliche Butter
- 200 ml Gemüsebrühe
- 400 ml Sojacreme
- 2 cl Essig
- 3 EL Maisstärke
- Pfeffer
- geriebener Kümmel

## ZUBEREITUNG:

1. Die Zwiebel und die Knoblauchzehen schälen, fein hacken und in der erhitzten Butter glasig anbraten.

2. Mit der Gemüsebrühe aufgießen und köcheln lassen.

3. In der Zwischenzeit die Sojacreme mit dem Essig und der Maisstärke vermengen und in die Suppe einrühren.

4. Zuletzt mit Pfeffer und etwas geriebenem Kümmel abschmecken und heiß servieren.

# Zwiebelsuppe

## ZUTATEN:

- 2 große Zwiebeln
- 50 g pflanzliche Butter
- 120 ml trockener Weißwein
- 250 ml Gemüsebrühe
- Salz
- Pfeffer
- geriebene Muskatnuss

## ZUBEREITUNG:

1. Die Zwiebeln schälen und in feine Ringe schneiden.

2. Die Zwiebelringe in der Butter anschwitzen, bis sie glasig sind.

3. Mit dem Weißwein ablöschen und kurz aufkochen lassen.

4. Anschließend mit der Gemüsebrühe aufgießen und ca. zehn Minuten lang köcheln lassen.

5. Die Suppe pürieren und mit Salz, Pfeffer und geriebener Muskatnuss abschmecken.

# DO HOMMA DEN SALAT

# Erdäpfelsalat

**ZUTATEN:**

- **500 g Erdäpfel** *(Kartoffeln)*
- **1 große Zwiebel**
- **200 ml Gemüsebrühe**
- **3 EL Essig**
- **Salz**
- **Pfeffer**
- **Zucker**
- **Öl**
- **Schnittlauch**

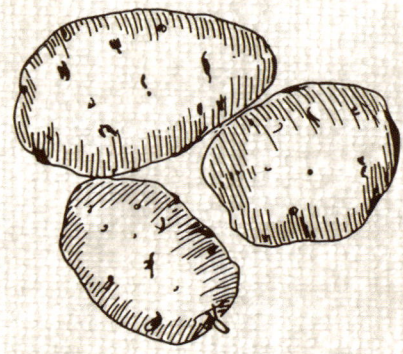

**ZUBEREITUNG:**

1. Die Erdäpfel kochen, schälen und noch warm in Scheiben schneiden.

2. Die Zwiebel schälen und fein hacken.

3. Anschließend die Gemüsebrühe in einem kleinen Topf erwärmen, über die Erdäpfel gießen und die gehackte Zwiebel hinzugeben.

4. Danach mit Essig, Salz, Pfeffer, Zucker und Öl abschmecken.

5. Gut durchziehen lassen und mit etwas gehacktem Schnittlauch garniert servieren.

# Warmer Krautsalat

## ZUTATEN:

- 1 Krautkopf (Weißkohl)
- 1 Zwiebel
- pflanzliche Butter
- 1 Schuss Essig
- 2 EL Staubzucker (Puderzucker)
- 1 EL Kümmel
- Salz
- Pfeffer

## ZUBEREITUNG:

1. Die äußeren Blätter des Krautkopfs entfernen, danach vierteln und mit dem Krauthobel oder einem scharfen Messer in feine Streifen schneiden.

2. Anschließend das Kraut fünf bis zehn Minuten lang dünsten.

3. Die Zwiebel schälen, hacken und in etwas Butter glasig anschwitzen.

4. Das gedünstete Kraut hinzugeben und mit einem Schuss Essig ablöschen.

5. Den Staubzucker sowie den Kümmel beimengen, den Salat mit Salz und Pfeffer abschmecken und warm servieren.

### TIPP
*Räuchertofu fein würfeln, knusprig anbraten und unter das Kraut mischen!*

# Radisalat

**ZUTATEN:**

- **200 g Radi** *(Rettich)*
- **Salz**
- **1 EL Zucker**
- **100 ml pflanzliche Cuisine**
- **Essig**

**ZUBEREITUNG:**

1. Den Radi schälen und reiben.

2. Anschließend gut ausdrücken (am besten durch ein Geschirrtuch) und mit Salz bestreuen.

3. Den Zucker und die Cuisine hinzugeben und mit Essig abschmecken.

# DEFTIGE SCHMANKERLN

# Bauernkrapfen mit Sauerkraut

## ZUTATEN:

- 25 g pflanzliche Butter
- 250 ml pflanzliche Milch
- 300 g Mehl
- 1 Pkg. Trockengerm *(Trockenhefe)*
- Salz
- 1 Packung Sauerkraut
- Öl

## ZUBEREITUNG:

1. Die Butter zerlassen und zusammen mit der Milch erwärmen (nicht kochen).

2. Die Flüssigkeit mit dem Mehl, dem Germ sowie einer Prise Salz vermengen und zu einem glatten Teig verkneten.

3. Diesen in einer geschlossenen Schüssel in ein warmes Wasserbad stellen.

4. Wenn der Deckel aufgesprungen ist, den Teig nochmals kneten und – dieses Mal ohne Deckel – erneut rasten lassen.

5. Sobald er aufgegangen ist, kann er weiterverarbeitet werden. Dazu den Teig auf ein bemehltes Nudelbrett geben und ca. faustgroße Kugeln formen.

6. Diese mit einem Geschirrtuch bedecken und nochmals ca. fünf bis zehn Minuten rasten lassen.

7. Das Sauerkraut in einem Topf erwärmen.

8. Reichlich Öl in einer tiefen Pfanne erhitzen.

9. Die Teigstücke flachdrücken, von innen heraus ausziehen, sodass ein dickerer Rand entsteht, und im heißen Öl auf beiden Seiten goldbraun backen.

10. Die Krapfen vorsichtig herausheben, abtropfen lassen und mit Sauerkraut servieren.

### TIPP

*Anstelle des Sauerkrauts schmeckt auch Erdäpfelkäse (Rezept auf S. 16), bestreut mit frisch geriebenem Kren, ausgezeichnet zu den Krapfen!*

# Bohnensterz

## ZUTATEN:

- 150 g Bohnen
- 200 g Buchweizenmehl
- 750 ml Wasser
- Salz
- pflanzliche Butter

## ZUBEREITUNG:

1. Über Nacht die Bohnen in kaltem Wasser einweichen.

2. Am nächsten Tag die Bohnen abseihen, in reichlich Salzwasser weich kochen und das Kochwasser zur Seite stellen.

3. Eine Pfanne aufheizen und darin das Mehl (ohne Butter!) erhitzen, es darf jedoch nicht braun werden, sondern soll nur dampfen.

4. Anschließend das Kochwasser hinzugeben, bis eine gleichmäßige Masse entsteht.

5. Die Butter in einer Pfanne zerlassen und mit den Bohnen und dem Sterz vermischen.

### TIPP
*Bohnensterz kann sowohl süß (mit Kompott)*
*als auch herzhaft (mit gebratenen*
*Räuchertofuwürfeln) gegessen werden.*

# Gebackene Brennnesselknödel

## ZUTATEN:

- **500 g Knödelbrot** *(Semmelwürfel)*
- **2 kleine, am Vortag gekochte Erdäpfel** *(Kartoffeln)*
- **1 Handvoll junge, gewaschene Brennnesseln**
- **125 ml pflanzliche Milch**
- **1 Zwiebel**
- **Salz**
- **Pfeffer**
- **geriebene Muskatnuss**
- **Semmelbrösel** *(Paniermehl)*
- **Öl**

### TIPP

*Sollten saisonal keine Brennnesseln verfügbar sein, können diese auch durch Spinat oder Bärlauch (frisch oder tiefgekühlt) ersetzt werden.*

## ZUBEREITUNG:

1. Das Backrohr auf 180 Grad vorheizen.

2. Anschließend die Milch erwärmen und das Knödelbrot damit übergießen.

3. Die Zwiebel schälen, fein hacken und zur Knödelmasse geben.

4. Die am Vortag gekochten Erdäpfel schälen, reiben und unter die Masse mengen.

5. Die Brennnesseln grob hacken und ebenso hinzugeben.

6. Anschließend mit Salz, Pfeffer und etwas geriebener Muskatnuss würzen, gut vermischen und kurz rasten lassen.

7. Mit befeuchteten Händen acht bis zehn gleich große, feste Knödel formen.

8. Diese auf ein mit Backpapier belegtes Backblech geben und im Ofen ca. 15 Minuten lang backen.

9. In der Zwischenzeit reichlich Öl in einem Topf erhitzen.

10. Die Knödel nach 15 Minuten aus dem Backrohr nehmen, mit befeuchteten Händen kurz nachformen, in Semmelbröseln wälzen und goldbraun frittieren.

11. Auf Küchenpapier abtropfen lassen und heiß servieren.

# Brokkoli im Bierteig

## ZUTATEN:

- 1 großer Brokkoli
- 500 g Mehl
- 1 EL Backpulver
- ½ Liter Bier
- Meersalz
- Pfeffer
- geriebene Muskatnuss
- Öl

## ZUBEREITUNG:

1. Den Brokkoli waschen und in mundgerechte Stücke schneiden.

2. Das Mehl mit dem Backpulver und dem Bier zu einem glatten Teig verrühren.

3. Diesen mit etwas Meersalz, Pfeffer und Muskatnuss würzen.

4. In einem Topf reichlich Öl erhitzen.

5. Die Brokkoli-Stücke durch den Teig ziehen und im Öl goldbraun frittieren.

6. Anschließend auf etwas Küchenpapier abtropfen und mit Meersalz bestreut heiß servieren.

# Eierschwammerlschmarrn

## ZUTATEN:

- 500 g Mehl
- 1 EL Backpulver
- 150 ml pflanzliche Milch
- 150 ml Mineralwasser mit Kohlensäure
- pflanzliche Butter
- 1 Zwiebel
- 200 g Eierschwammerl *(Pfifferlinge)*
- 1 Bund Petersilie
- Salz
- Pfeffer
- geriebene Muskatnuss

## ZUBEREITUNG:

1. Die Eierschwammerl putzen und bei Bedarf halbieren.

2. Die Zwiebel schälen, fein würfeln und zusammen mit den Eierschwammerln anbraten, danach zur Seite stellen.

3. Das Mehl und das Backpulver mit der Milch sowie dem Mineralwasser zu einem dickflüssigen, glatten Teig verrühren.

4. Die gebratenen Eierschwammerl sowie die Zwiebel unter den Teig heben.

5. Die Petersilie fein hacken und zusammen mit Salz, Pfeffer und Muskatnuss hinzugeben.

6. Etwas Butter in einer großen Pfanne kurz aufschäumen lassen, den Teig eingießen und anbacken.

7. Von Zeit zu Zeit wenden und so auf beiden Seiten goldbraun backen.

8. Zum Schluss den Teig mit zwei Gabeln in unregelmäßige Stücke zerreißen und heiß genießen.

### TIPP

*Das Rezept funktioniert auch mit Champignons, sollten saisonal keine Eierschwammerl zur Verfügung stehen.*

# Eierspeise

**ZUTATEN:**

- ¼ Lauch *(Porree)*
- 1 roter Paprika
- 1 Zwiebel
- 200 g Räuchertofu
- Öl
- ½ TL Kurkuma
- Salz
- Pfeffer

## ZUBEREITUNG:

1. Den geputzten Lauch in feine Scheiben schneiden, den entkernten Paprika sowie die geschälte Zwiebel fein würfeln.

2. Den Tofu mit den Händen zerbröckeln und zusammen mit den Zwiebelwürfeln in etwas Öl anbraten.

3. Den Lauch, den Paprika sowie den Kurkuma (für die gelbe Farbe) hinzugeben.

4. Mit Salz und Pfeffer abschmecken.

### TIPP

*Das Gericht lässt sich beliebig abändern, schmeckt auch toll mit pflanzlichen Würsteln (auf Tofu- oder Seitanbasis) oder Pfefferoni und wird stilecht direkt aus der Pfanne gegessen.*

# Erdäpfel-Blattln

**ZUTATEN:**

- 250 g am Vortag
  gekochte Erdäpfel *(Kartoffeln)*
  150 g Mehl
- 5 EL pflanzliche Butter
- Öl
- Salz
- geriebene Muskatnuss

**ZUBEREITUNG:**

1. Die Erdäpfel schälen, und fein reiben.

2. Die Butter in einer Pfanne zerlassen und zusammen mit dem Mehl, etwas Salz und Muskatnuss sowie den Erdäpfeln zu einem glatten Teig verkneten.

3. Aus dem Teig eine Rolle formen und ca. 0,5–1,0 cm dicke Stücke abschneiden.

4. Diese halbieren und in einer Mitte leicht einschneiden.

5. In einer tiefen Pfanne reichlich Öl erhitzen und die Blattln knusprig herausbacken.

6. Auf Küchenpapier abtropfen lassen und heiß servieren.

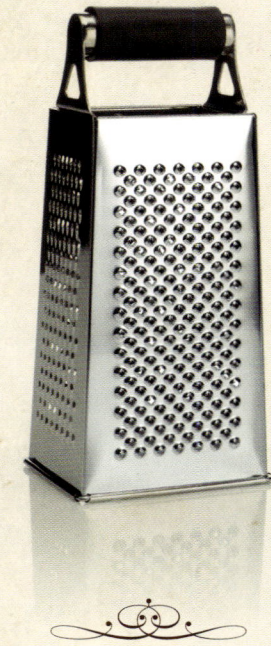

**TIPP**

*Schmeckt sehr gut zu Sauerkraut oder Radisalat (siehe Seite 43)*

# Vom Hirteneintopf zum vielseitigen Klassiker

Das Erdäpfelgulasch ist eine abgewandelte Version des original ungarischen „gulyás", einem Fleischeintopf, welcher bereits im Mittelalter als traditionelles Hirtengericht in der Puszta über offenem Feuer gekocht wurde.

1780 sahen die Ungarn durch die Reformen des österreichischen Kaisers und ungarischen Königs Josef II. ihre Identität bedroht und pflegten neben der Sprache, den Brauchtümern und Festen auch bewusst ihre nationalen Speisen. So kam das „gulyás" selbst außerhalb der bäuerlichen Schicht in Mode.

Ob es österreichische Soldaten in Ungarn kennenlernten oder ob es durch die damals in Wien stationierte 39. Ungarische Infanterie in die österreichische Landeshauptstadt gelangte, ist ungewiss.

Die 1813 erfundene „Gulaschkanone" diente während des Ersten Weltkrieges als rollende Feldküche. Das beliebte Gericht zählt auch heute noch zur Standardversorgung in Österreichs Bundesheer.

Mehrmals aufgewärmt intensiviert sich der Geschmack des Gerichtes, daher auch der Ausspruch „Aufg'wärmt is nur a Gulasch guat!".

Übrigens war die fleischlose Variante, das Wiener Erdäpfel-Gulasch, nach dem Börsenkrach im Jahre 1873 ein beliebtes Gericht für arme Leute.

Die Geschichte des „gulyás" ist eng mit der des Paprikas verbunden. Das Gewürz, welches bereits im 16. Jahrhundert im osmanischen Reich und auf dem Balkan verbreitet war, kam durch die türkische Besatzung nach Ungarn. Paprika wurde während der türkischen Herrschaft (1526–1686) dort angepflanzt und kam so zu dem Namen „türkischer Pfeffer". Der Anbau war der ungarischen Landbevölkerung untersagt, dennoch wurde die Pflanze – teils unter Lebensgefahr – von den Einheimischen kultiviert.

Rasch bemerkte man, dass sich das aus dem Paprika hergestellte Pulver gut zum Würzen eignete und so entstanden durch Veredelung verschiedene Sorten (mild, scharf, edelsüß).

Der Einzug des Paprikas in die österreichische Küche sollte jedoch noch lange dauern: Erst im 19. Jahrhundert wurde das Gewürz in einem Kochbuch erwähnt.

# Erdäpfelgulasch

## ZUTATEN:

- 3 Zwiebeln
- Öl
- 1 kg Erdäpfel *(Kartoffeln)*
- 2 rote Paprika
- 2 Knoblauchzehen
- 2 EL Tomatenmark
- 500 ml Gemüsebrühe
- 3 EL Paprikapulver
- 1 TL getrockneter Majoran
- ½ TL gemahlener
- Kümmel
- Salz
- Pfeffer

### TIPP

*Räuchertofu oder würzige pflanzliche Würstel verleihen dem Gulasch noch mehr Pepp!*

## ZUBEREITUNG:

1. Die Zwiebeln von der Schale befreien, fein hacken und in einem großen Topf in etwas Öl anrösten.

2. Inzwischen die Erdäpfel schälen und ebenso wie die entkernten Paprika in mittelgroße Stücke schneiden.

3. Danach das Gemüse zu den Zwiebeln geben und anbraten.

4. Die Knoblauchzehen schälen, pressen und ebenfalls hinzugeben.

5. Das Gemüse im Topf etwas beiseitestellen, das Tomatenmark leicht anbraten und mit der Gemüsebrühe ablöschen.

6. So lange köcheln lassen, bis die Erdäpfel gar sind und das Gulasch eine sämige Konsistenz erreicht hat.

7. Mit den Gewürzen abschmecken und heiß servieren.

# Erdäpfelknödel mit Räuchertofu

**ZUTATEN:**

- 1 kg mehlige Erdäpfel *(Kartoffeln)*
- 100 g Grieß
- 100 g Stärkemehl
- 100 g Räuchertofu
- 1 TL getrockneter Majoran
- 1 Zwiebel
- Salz

**ZUBEREITUNG:**

1. Die Erdäpfel kochen, abschrecken, schälen und noch heiß stampfen.

2. Grieß und Stärkemehl zur Masse geben, salzen, gut vermengen und zur Seite stellen.

3. Die Zwiebel schälen und ebenso wie den Räuchertofu würfeln.

4. Beide Zutaten in etwas Öl gut anbraten.

5. Majoran hinzugeben, gut vermengen und die Füllung beiseitestellen.

6. Anschließend mit feuchten, sauberen Händen aus dem Teig Knödel formen, in die Mitte je etwas von der Räucher-tofu-Zwiebelmasse setzen und wieder mit Teig verschließen.

7. Die Knödel in siedendes Wasser legen und bei schwacher Hitze ca. zehn Minuten lang ziehen lassen, bis sie an der Oberfläche schwimmen.

8. Vorsichtig herausheben und heiß servieren.

# Erdäpfelknödel mit Rotkraut

**ZUTATEN:**

- **1 kg mehlige Erdäpfel** *(Kartoffeln)*
- **100 g Grieß**
- **100 g Stärkemehl**
- **Salz**
- **1 Packung Rotkraut** *(Rotkohl)*

**ZUBEREITUNG:**

1. Die Erdäpfel kochen, abschrecken, schälen und stampfen.

2. Grieß und Stärkemehl zur Masse geben, salzen und gut vermengen.

3. Mit feuchten, sauberen Händen aus dem Teig Knödel formen, in die Mitte jeweils ein Kügelchen Rotkraut setzen und wieder mit Teig verschließen.

4. Die Knödel in siedendes Wasser legen und bei schwacher Hitze ca. zehn Minuten lang ziehen lassen, bis sie an der Oberfläche schwimmen.

5. Vorsichtig herausheben und heiß servieren.

**TIPP**

*Die Knödel eignen sich als Hauptgericht sowie als Beilage.*

# Montag ist Knödeltag

Die österreichische Küche ist bekannt für ihre Knödel und bietet eine Vielzahl an süßen und pikanten Variationen.

Der Begriff „Knödel" leitet sich etymologisch wahrscheinlich im weitesten Sinn vom lateinischen „nodus" ab, was „Knoten" bedeutet; auch eine Verbindung zum Tschechischen („knedlík") und zum Italienischen („canederli") ist denkbar.

Der heutige Wissensstand reicht nicht aus, um die Entstehung des Knödels ausreichend nachvollziehen zu können, er dürfte jedoch zwischen Brot und Brei einzustufen sein und diente dem Haltbarmachen von Speiseresten.

So vor dem Verderb geschützt, eignete sich der Knödel auch zum Transport bei Jagden oder Wanderungen. Archäologische Funde aus der Schweiz belegen die Existenz von mit den Händen geformten und anschließend gekochten Getreideklumpen bereits um 3600 v. Chr. Schriftlich erwähnt wurde der Knödel erstmals im Jahre 1000 n. Chr.

Im alpenländischen Aberglauben spielten Knödel eine wesentliche Rolle. Beispielsweise durften gekochte Knödel nicht gezählt werden, da dies Unglück bringe. Der Brauch, mit Knödeln die Zukunft zu deuten, wird mancherorts am Silvesterabend auch heute noch gepflegt. So werden in diese vor dem Kochen kleine Zettel gesteckt, auf denen zuvor Wünsche, Hoffnungen und Träume niedergeschrieben wurden. Der Knödel, welcher als erster im kochenden Wasser aufsteigt, enthält dem Aberglauben zufolge jene Prophezeiung, die sich im kommenden Jahr erfüllen wird.

In der bäuerlichen Küche gab es außerdem eigene „Knödeltage", welche sich von Bundesland zu Bundesland unterschieden. Der Montag gilt in manchen Regionen Österreichs auch heute noch als Knödeltag.

# Essigknödel

## ZUTATEN:

- 125 ml pflanzliche Milch
- 500 g Knödelbrot *(Semmelwürfel)*
- 2 kleine, am Vortag gekochte Erdäpfel *(Kartoffeln)*
- 2 kleine Zwiebeln
- 2 EL gehackte Petersilie
- Salz
- Pfeffer
- geriebene Muskatnuss
- Essig
- Öl

## ZUBEREITUNG:

1. Die Milch erwärmen und das Knödelbrot damit übergießen.

2. Eine Zwiebel schälen, fein hacken und zusammen mit der Petersilie zur Knödelmasse geben.

3. Die am Vortag gekochten Erdäpfel schälen und in den Teig reiben.

4. Abschließend mit Salz, Pfeffer und etwas geriebener Muskatnuss würzen, gut vermengen und kurz rasten lassen.

5. Mit befeuchteten Händen sechs bis acht gleich große, feste Knödel formen.

6. Die Knödel in siedendes Wasser legen und bei schwacher Hitze 15 bis 20 Minuten lang ziehen lassen.

7. Danach vorsichtig herausheben und abtropfen lassen.

8. Die Knödel vierteln, in dünne Scheiben schneiden und mit Salz, Pfeffer, Essig und Öl nach Belieben marinieren.

9. Abschließend die zweite Zwiebel in feine Scheiben schneiden und damit den Essigknödel garnieren.

# G`röste Knödel

**ZUTATEN:**

- 500 g Knödelbrot *(Semmelwürfel)*
- 2 kleine, am Vortag gekochte Erdäpfel *(Kartoffeln)*
- 125 ml pflanzliche Milch
- 2 kleine Zwiebeln
- 2 EL gehackte Petersilie
- Salz
- Pfeffer
- geriebene Muskatnuss
- Öl

**ZUBEREITUNG:**

1. Die Milch erwärmen und das Knödelbrot damit übergießen.

2. Zwiebel schälen, fein hacken und zusammen mit der Petersilie zur Knödelmasse geben.

3. Die am Vortag gekochten Erdäpfel schälen, reiben und unter die Masse geben.

4. Anschließend mit Salz, Pfeffer und etwas geriebener Muskatnuss würzen, gut vermengen und kurz rasten lassen.

5. Mit befeuchteten Händen acht bis zehn gleich große, feste Knödel formen.

6. Die Knödel in siedendes Wasser legen und bei schwacher Hitze 15 bis 20 Minuten lang ziehen lassen.

7. Danach vorsichtig herausheben und abtropfen lassen.

8. Die Knödel vierteln, in dünne Scheiben schneiden und in etwas Öl goldbraun anbraten.

**TIPP**

*Die Knödel können auch, anstatt im Wasser zu sieden, im Backrohr bei 180 Grad ca. 10 Minuten lang gebacken werden.*

# Käferbohnenstrudel

## ZUTATEN:

- 250 g Mehl
- 125 ml warmes Wasser
- Öl
- 1 große rote Zwiebel
- 200 g Knödelbrot (*Semmelwürfel*)
- 500 gekochte Käferbohnen
- Salz
- Pfeffer
- Bohnenkraut
- geriebene Muskatnuss

## ZUBEREITUNG:

1. Das Mehl mit dem Wasser, zwei Esslöffel Öl und einer Prise Salz vermengen und gut durchkneten.

2. Den Teig zu einer Kugel formen, mit etwas Öl bestreichen, in Frischhaltefolie wickeln und mindestens 30 Minuten rasten lassen.

3. Die Zwiebel schälen, würfeln und mit den Semmelwürfeln in etwas Öl anbraten.

4. Die Masse mit Salz, Pfeffer, Bohnenkraut und Muskatnuss abschmecken sowie die gekochten Käferbohnen vorsichtig unterheben.

5. Vor den weiteren Arbeitsschritten das Backrohr auf 180 Grad vorheizen.

6. Den Teig nochmals durchkneten, auf einem großen, mit Mehl bestäubten Tuch zu einem Rechteck ausrollen und mit dem bemehlten Handrücken vorsichtig dünn ausziehen.

7. Die Füllung in die Mitte des Strudelteiges geben und der Länge nach gleichmäßig verteilen.

8. Danach die Seiten einschlagen und den Teig aufrollen.

9. Den Strudel mithilfe des Tuches mit der Naht nach unten auf ein mit Backpapier belegtes Backblech geben.

10. Mit Wasser bepinseln und ca. 20 Minuten lang goldbraun backen.

# Karfiol mit Butter und Semmelbröseln

**ZUTATEN:**

- **1 Karfiol** *(Blumenkohl)*
- **pflanzliche Butter**
- **3 EL Semmelbrösel** *(Paniermehl)*
- **Salz**

**ZUBEREITUNG:**

1. Den Karfiol waschen und in kleine Röschen zerteilen.

2. Diese ca. fünf Minuten lang dämpfen oder leicht andünsten (sie sollten nicht zu weich, sondern noch bissfest sein).

3. Anschließend in zerlassener Butter und Semmelbröseln schwenken.

4. Mit Salz abschmecken und warm servieren.

**TIPP**

*Ein einfaches Gericht, das immer gelingt. Die Semmelbrösel können auch durch geriebene Hasel- oder Walnüsse ersetzt werden.*

# Kasnocken

## ZUTATEN:

- 500 g griffiges Mehl
- 3 EL Kichererbsenmehl
- geriebene Muskatnuss
- 3 TL Salz
- 350 ml Gemüsebrühe
- pflanzliche Butter
- 350 g geriebener pflanzlicher Käse
- 1 kleine Zwiebel
- Öl
- Schnittlauch

## ZUBEREITUNG:

1. Einen großen Topf mit gesalzenem Wasser zum Kochen bringen.

2. Das Mehl in einer großen Schüssel mit dem Kichererbsenmehl, einer Prise geriebener Muskatnuss und dem Salz vermischen. Nach und nach die Gemüsebrühe so einrühren, dass keine Klumpen entstehen.

3. Die Masse durch ein Nockensieb oder mittels Spätzlehobel in das kochende Wasser geben.

4. So lange kochen, bis die Nocken an der Oberfläche schwimmen.

5. Anschließend mit einer Schaumkelle abschöpfen und abtropfen lassen.

6. Etwas Butter in einer Pfanne erhitzen, die Nocken sowie den geriebenen Käse dazugeben und knusprig bräunen.

7. Die Zwiebel schälen, in Ringe schneiden und in einer zweiten Pfanne in Öl goldbraun rösten.

8. Zuletzt die Kasnocken mit den Röstzwiebeln und fein gehacktem Schnittlauch garnieren und heiß in der Pfanne servieren.

TIPP

*Je würziger der Käse, desto schmackhafter die Kasnocken!*

# Kaspressknödel

## ZUTATEN:

- 300 ml pflanzliche Milch
- 250 g Toastbrot
- 70 g pflanzliche Butter
- 1 Zwiebel
- 150 g fein gewürfelter pflanzlicher Käse
- 1 EL gehackte Petersilie
- Salz
- Pfeffer
- Geriebene Muskatnuss

## ZUBEREITUNG:

1. Die Milch erwärmen, das in Würfel geschnittene Toastbrot damit übergießen und ca. zehn Minuten lang rasten lassen.

2. Die Hälfte der Butter in einer Pfanne erhitzen, die geschälte Zwiebel fein würfeln und darin glasig anbraten.

3. Anschließend die Zwiebel zusammen mit der zerlassenen Butter zum eingeweichten Brot geben.

4. Den Teig mit dem gewürfelten Käse und der Petersilie verkneten und mit Salz, Pfeffer sowie einer Prise geriebener Muskatnuss würzen.

5. Die übrige Butter in einer Pfanne erhitzen.

6. Mit angefeuchteten Händen acht bis zehn Knödel formen, flachdrücken und in der heißen Butter ca. zehn Minuten lang auf beiden Seiten goldbraun backen.

### TIPP
*Kaspressknödel eignen sich als Hauptspeise (mit Sauerkraut) wie auch als Suppeneinlage.*

# Krautfleckerl

## ZUTATEN:

- 500 g Fleckerl –
  alternativ Farfalle *(Nudeln)*
- 500 g Weißkraut *(Weißkohl)*
- 100 g pflanzliche Butter
- 2 EL Zucker
- 1 Zwiebel
- 100 ml Gemüsebrühe
- Salz
- Pfeffer
- Kümmel

## ZUBEREITUNG:

1. Die Fleckerl in reichlich Salzwasser bissfest kochen.

2. Inzwischen das Kraut putzen, den Strunk entfernen und grob würfeln.

3. Die Butter zerlassen, den Zucker hinzugeben und die fein gewürfelte Zwiebel zusammen mit dem Kraut karamellisieren. Der Zucker darf nicht zu dunkel werden, da er sonst bitter schmeckt.

4. Mit der Gemüsebrühe aufgießen und mit Salz, Pfeffer und Kümmel gut würzen. Anschließend etwas durchziehen lassen.

5. Die gekochten Fleckerl untermengen und heiß servieren.

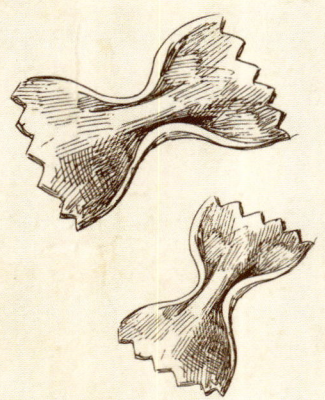

# Krautstrudel

## ZUTATEN:

- 250 g Mehl
- 125 ml warmes Wasser
- Öl
- Salz
- 1 kleiner Krautkopf *(Weißkohl)*
- 1 große rote Zwiebel
- 3 Karotten
- 1 roter Paprika
- Pfeffer
- Kümmel
- Paprikapulver

## ZUBEREITUNG:

1. Das Mehl mit dem Wasser, zwei Esslöffeln Öl und einer Prise Salz vermengen und gut durchkneten.

2. Den Teig zu einer Kugel formen, mit etwas Öl bestreichen, in Frischhaltefolie wickeln und mindestens 30 Minuten rasten lassen.

3. Den Krautkopf putzen, in feine Streifen schneiden und in etwas Salzwasser dünsten.

4. Anschließend durch ein Tuch pressen, damit das Kraut den Saft verliert.

5. Die Zwiebel schälen, würfeln und mit den zuvor geriebenen Karotten in etwas Öl anbraten.

6. Das Kraut sowie den entkernten, gewürfelten Paprika hinzugeben und mit Salz und den Gewürzen abschmecken.

7. Vor den weiteren Arbeitsschritten das Backrohr auf 180 Grad vorheizen.

8. Den Teig nochmals durchkneten, auf einem großen, mit Mehl bestäubten Tuch zu einem Rechteck ausrollen und mit dem bemehlten Handrücken vorsichtig dünn ausziehen.

9. Die Füllung in die Mitte des Strudelteiges geben und der Länge nach gleichmäßig verteilen.

10. Danach die Seiten einschlagen und den Teig aufrollen.

11. Den Strudel mithilfe des Tuches mit der Naht nach unten auf ein mit Backpapier belegtes Backblech geben.

12. Mit Wasser bepinseln und ca. 20 Minuten lang goldbraun backen.

# Krautwickel

## ZUTATEN:

- ½ **Weißkrautkopf** (Weißkohl)
- ½ **Rotkrautkopf** (Rotkohl)
- 3 **altbackene Semmeln** (Brötchen)
- 150 ml **pflanzliche Milch**
- 2 **kleine Zwiebeln**
- 1 **Knoblauchzehe**
- 5 EL **pflanzliche Butter**
- 1 TL **getrockneter Majoran**
- 250 ml **Gemüsebrühe**
- **Salz**
- **Pfeffer**
- **geriebene Muskatnuss**

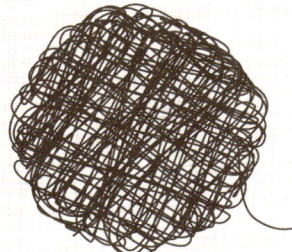

## ZUBEREITUNG:

1. Das Backrohr auf 180 Grad vorheizen.

2. Einen großen Topf Salzwasser aufsetzen, währenddessen das Kraut putzen und den Strunk entfernen.

3. Die äußeren Blätter ablösen und kurz kochen, danach auf Küchenpapier abtropfen lassen.

4. Die altbackenen Semmeln in kleine Stücke zerreißen, mit der Milch übergießen und einweichen lassen.

5. In der Zwischenzeit die Zwiebeln und den Knoblauch schälen und fein hacken.

6. Zwei Esslöffel Butter in der Pfanne zerlassen und die Zwiebeln, den Knoblauch sowie den Majoran darin anbraten.

7. Anschließend alles zur Semmelmasse geben, gut durchkneten und mit Salz, Pfeffer und geriebener Muskatnuss abschmecken.

8. Die Krautblätter mit jeweils einer Portion der Füllung versehen, einen Wickel formen und mit Küchengarn fixieren.

9. Den Rest vom Kraut in feine Streifen schneiden.

10. Die verbleibende Butter in einer Pfanne zerlassen, die Krautwickel von beiden Seiten anbraten und in eine feuerfeste Auflaufform geben. Die Krautstreifen ebenfalls beifügen.

11. Mit heißer Gemüsebrühe aufgießen und die Wickel ca. 25 Minuten lang im Ofen schmoren.

# Gefüllte Paprika

## ZUTATEN:

- 100 g Reis
- 4 Paprika
- 500 ml Gemüsebrühe
- 200 g Sojagranulat
- 2 kleine Zwiebeln
- Öl
- Salz
- Pfeffer
- 1 TL getrockneter Majoran
- 1 EL gehackte Petersilie
- 500 g passierte Tomaten
- 1 EL Zucker
- Essig

## ZUBEREITUNG:

1. Den Reis mit der doppelten Menge Wasser kochen, bis er die gesamte Flüssigkeit aufgenommen hat.

2. Inzwischen den oberen Teil (Deckel) des Paprikas horizontal abschneiden und beiseite legen.

3. Die entkernten Schoten ca. fünf Minuten in kochendem Wasser garen.

4. Die Gemüsebrühe kurz erhitzen, das Sojagranulat damit übergießen und ca. zehn Minuten lang ziehen lassen.

5. Danach eine Zwiebel hacken, zusammen mit der Granulatmasse in etwas Öl gut anbraten und mit Salz, Pfeffer, Majoran sowie Petersilie abschmecken.

6. Den Reis mit der Masse vermischen und die Paprika damit füllen.

7. Den abgeschnittenen Deckel wieder drauflegen und in einer feuerfesten Form im Rohr bei 180 Grad ca. 15 Minuten lang garen.

8. In der Zwischenzeit die zweite Zwiebel hacken und in etwas Öl anschwitzen.

9. Den Zucker hinzugeben, karamellisieren lassen und mit einem Schuss Essig ablöschen.

10. Die passierten Tomaten hinzugeben und die Soße mit Salz und Pfeffer abschmecken.

11. Die Paprika aus dem Rohr nehmen und mit der Tomatensoße anrichten.

# Polentaschnitten

## ZUTATEN:

- 50 g pflanzliche Butter
- 150 ml pflanzliche Milch
- 150 ml Gemüsebrühe
- Paprikapulver
- Chilipulver
- geriebene Muskatnuss
- 200 g Maisgrieß
- Öl
- 100 g geriebener pflanzlicher Käse

## ZUBEREITUNG:

1. Die Butter in einem Topf zerlassen und anschließend die Milch sowie die Gemüsebrühe hinzugeben und erwärmen.

2. Je eine Prise Paprikapulver, Chili-pulver sowie geriebene Muskatnuss beimengen.

3. Den Maisgrieß einrühren und an-schließend 20 Minuten lang mit ge-schlossenem Deckel ziehen lassen.

4. Danach ein Backblech mit etwas Öl bestreichen, die Masse fingerdick darauf verstreichen und auskühlen lassen.

5. Zum Schluss in Streifen schneiden, im geriebenen Käse wenden und in Öl herausbacken.

# Semmelknödel mit Eierschwammerlsoße

## ZUTATEN:

- 700 g Eierschwammerl (*Pfifferlinge*)
- 2 kleine Zwiebeln
- 1 Knoblauch
- Öl
- 100 ml Gemüsebrühe
- 100 ml pflanzliche Cuisine
- Salz
- Pfeffer
- 125 ml pflanzliche Milch
- 500 g Knödelbrot (*Semmelwürfel*)
- 2 kleine, am Vortag gekochte Erdäpfel (*Kartoffeln*)
- 2 EL gehackte Petersilie
- geriebene Muskatnuss

## ZUBEREITUNG:

1. Die Eierschwammerl putzen und gemeinsam mit einer gewürfelten Zwiebel sowie dem gehackten Knoblauch in etwas Öl scharf anbraten.

2. Anschließend mit der Gemüsebrühe ablöschen und auf kleiner Flamme einreduzieren lassen.

3. Wenn die Eierschwammerlsoße eine sämige Konsistenz angenommen hat, die Cuisine dazugeben und mit Salz sowie Pfeffer abschmecken.

4. In der Zwischenzeit die Milch erwärmen und das Knödelbrot damit übergießen.

5. Die zweite Zwiebel ebenfalls hacken und zusammen mit der Petersilie zur Knödelmasse geben. Die am Vortag gekochten Erdäpfel schälen, reiben und unter die Masse geben.

6. Anschließend mit Salz, Pfeffer und geriebener Muskatnuss abschmecken, gut vermengen und kurz rasten lassen.

7. Mit befeuchteten Händen sechs gleich große, feste Knödel formen.

8. Die Knödel in siedendes Wasser legen und bei schwacher Hitze 15 bis 20 Minuten lang ziehen lassen.

9. Anschließend vorsichtig herausheben und abtropfen lassen.

10. Die Knödel gemeinsam mit der Soße und etwas Petersilie garniert servieren.

# WOS FÜA
# DE SIASSN

# Die Wiege der Mehlspeisträume

*A Mehlspeis', ach mir fehl'n die Worte,*
*ist die beste Medizin!*
*Palatschinken oder Zwetschkenknödeln oder gar a Sachertorte,*
*das gibt's halt nur in Wien!*

(Ralph Benatzky, „Das kleine Café")

Österreich ist bekannt für seine Vielzahl an köstlichen Süßspeisen – egal ob herzhafter Schmarrn oder feine Mozartkugeln, Sie werden die kleinen Sünden nicht bereuen.

Entstanden sind die Mehlspeisen durch ein strenges Fastengebot, demzufolge in der Fastenzeit vor Ostern sowie an Freitagen auf Fleisch verzichtet werden musste.

Speziell in der Wiener Küche steht der Begriff für eine Bandbreite an süßen Gerichten, welche nicht zwingend Mehl enthalten müssen.

Der Ausspruch „Darf's noch a Mehlspeis sein?" deutet darauf hin, dass der Oberbegriff seit dem 19. Jahrhundert vorwiegend für den dritten Gang bzw. das Dessert steht.

Die Mehlspeisvarianten sind vielfältig und reichen von bodenständigen Nachspeisen bis hin zu Meisterwerken der Patisserie.

Die meisten Kreationen sind auch vegan und somit tierleidfrei möglich.

# Süßes Apfelbrot

## ZUTATEN:

- 50 g pflanzliche Butter
- 220 ml pflanzliche Milch
- 500 g Mehl
- 80 g Zucker
- 1 Pkg. Trockengerm *(Trockenhefe)*
- 5 große Äpfel
- 1 TL Zimt
- Agavendicksaft
- 75 g Mandelblättchen

## ZUBEREITUNG:

1. Die Butter zerlassen, die Milch erwärmen (nicht kochen) und beides mit dem Mehl, dem Zucker und dem Germ zu einem geschmeidigen Teig verkneten.

2. Diesen dann an einem warmen Ort ca. 30 Minuten lang rasten lassen.

3. In der Zwischenzeit die Äpfel schälen, vierteln, entkernen, feinblättrig schneiden und mit dem Zimt sowie etwas Agavendicksaft mischen.

4. Vor den weiteren Arbeitsschritten das Backrohr auf 180 Grad vorheizen.

5. Den Teig nochmals durchkneten und mit einem Nudelholz fingerdick ausrollen.

6. Danach auf ein mit Backpapier belegtes Backblech geben und mit der Apfelmasse bedecken.

7. Abschließend mit den Mandelblättchen bestreuen und ca. 30 Minuten lang backen.

# Omas gedeckter Apfelkuchen

## ZUTATEN:

- 200 g pflanzliche Butter
- 200 g Zucker
- 1 Packung Vanillezucker
- 500 g Mehl
- 50 ml pflanzliche Milch
- 1 EL Backpulver
- 1 kg Äpfel
- 100 g Rosinen
- 1 EL Zimt
- Staubzucker *(Puderzucker)*

## ZUBEREITUNG:

1. Die Butter mit dem Zucker und dem Vanillezucker schaumig rühren.

2. Anschließend abwechselnd das Mehl und die Milch unterrühren.

3. Das Backpulver hinzugeben und alles gut verkneten.

4. Danach den Teig bis zur weiteren Verarbeitung in Frischhaltefolie verpackt in den Kühlschrank legen.

5. Die Äpfel schälen, vierteln, entkernen und in feine Scheiben schneiden.

6. Den Zimt sowie die Rosinen zu den Äpfeln geben.

7. Vor den weiteren Arbeitsschritten das Backrohr auf 180 Grad vorheizen.

8. Ein Backblech mit Backpapier belegen, den Teig halbieren und die eine Hälfte darauf ausrollen.

9. Seitlich einen Rand hochziehen und die Apfelfüllung gleichmäßig darauf verteilen.

10. Aus der anderen Teighälfte auf einer bemehlten Fläche ein gleich großes Rechteck ausrollen und die Äpfel damit bedecken.

11. Die Ränder mit etwas Wasser zusammendrücken und gut verkleben.

12. Den Kuchen ins Backrohr geben und ca. 30 Minuten lang goldbraun backen.

13. Wenn er fertig ist, auskühlen lassen und mit Staubzucker bestreuen.

# Apfel-Nuss-Schmarrn

## ZUTATEN:

- 400 g Mehl
- 1 EL Backpulver
- 60 g Zucker
- 150 ml pflanzliche Milch
- 150 ml Mineralwasser mit Kohlensäure
- 3 Äpfel
- Zimt
- 100 g Walnusskerne
- pflanzliche Butter
- 30 g Rosinen
- Staubzucker *(Puderzucker)*

## ZUBEREITUNG:

1. Das Mehl, das Backpulver und die Hälfte des Zuckers mit der Milch sowie dem Mineralwasser zu einem dickflüssigen, glatten Teig verrühren.

2. Die Äpfel schälen, vierteln, entkernen, grob reiben und zusammen mit etwas Zimt unter den Teig rühren.

3. In der Zwischenzeit den übrigen Zucker in einer Pfanne vorsichtig zum Schmelzen bringen.

4. Sobald dieser flüssig ist, sofort die Hitze reduzieren, die Walnusskerne hinzugeben und darin schwenken, bis sie vollständig mit Zucker überzogen sind.

5. Danach zum Auskühlen auf einem Bogen Backpapier verteilen.

6. Etwas Butter in einer großen Pfanne kurz aufschäumen lassen, den Teig eingießen, anbacken lassen und mit den Rosinen bestreuen.

7. Von Zeit zu Zeit wenden und so auf beiden Seiten goldbraun backen.

8. Zum Schluss den Teig mit zwei Gabeln in unregelmäßige Stücke zerreißen, mit den karamellisierten Walnusskernen garnieren und mit Staubzucker bestreut genießen.

# Gebackene Apfelräder

**ZUTATEN:**

- 1 kg Äpfel
- Öl
- 250 g Mehl
- 250 ml pflanzliche Milch
- 2 TL Backpulver
- 25 g feiner Kristallzucker
- Zimt

**ZUBEREITUNG:**

1. Die Äpfel schälen, das Kerngehäuse mit einem Ausstecher entfernen und die Äpfel anschließend in Scheiben schneiden (ca. einen halben Zentimeter dick).

2. In einer großen Pfanne Öl erhitzen.

3. Das Mehl mit der Milch und dem Backpulver zu einem glatten Teig verrühren.

4. Die Apfelringe durch den Teig ziehen und auf beiden Seiten goldbraun backen.

5. Inzwischen in einem tiefen Teller den Zucker mit etwas Zimt vermischen.

6. Die fertig gebackenen Apfelräder auf einer Küchenrolle abtropfen lassen, in der Zimt-Zucker-Mischung wälzen und heiß servieren.

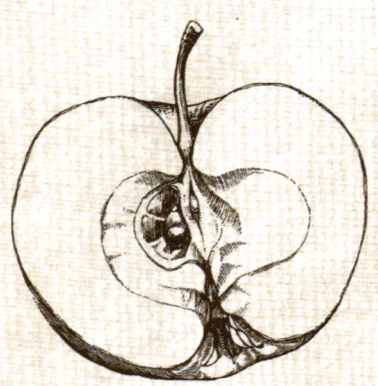

# Vom Missgeschick zur runden Leckerei

Viele Mythen ranken sich um die Geschichte des Krapfens.

Einer Legende nach wurde das Gebäck 1690 von der Bäckerin Cäcilie „Cilli" Krapf erfunden, als sie wütend ein Stück Germteig nach ihrem unnützen Lehrbuben warf und dieses in einem Topf mit heißem Fett landete. So entstand aus einem Missgeschick eine kleine, runde Köstlichkeit.

Von welchem Volk und zu welcher Zeit der Krapfen tatsächlich erstmals gebacken wurde, ist ungewiss. Bereits im alten Ägypten wurde in Fett schwimmendes Gebäck, dessen Form an ein Fruchtbarkeitssymbol erinnert, zubereitet. Bei Ausgrabungen wurden kleine krapfenähnliche Kuchen gefunden und auch eine Darstellung aus der Zeit von Pharao Ramses III. zeigt die Zubereitung des Gebäckes.

Der heutige Krapfen geht jedoch vermutlich auf die Römer zurück, welche ein kugeliges Fettgebäck namens „globuli" kannten. Römische Kolonisten dürften dieses über die Alpen in das heutige Wien gebracht haben, wo es im neunten Jahrhundert unter dem mittelhochdeutschen Namen „krapfo" erwähnt wurde.

Die damals reichlich vorhandene Butter stand in keiner Relation zu den geringen Mehlvorräten, das Braten in Fett war über offenem Feuer möglich und zudem eine rasche Zubereitungsart – all dies waren Gründe, wieso sich der Krapfen in der Alpenregion großer Beliebtheit erfreute. Krapfen waren nicht an eine bestimmte Form gebunden und konnten rund, länglich oder auch gekrümmt sein.

Die Vielfalt verschwand erst durch die Kochordnung der Stadt Wien im Jahre 1486, welche den Krapfenbäckerinnen (Krapfen wurden von diesem Berufsstand bereits im Mittelalter gewerblich in Schmalzbäckereien hergestellt) vorschrieb, wie sie ihre Arbeit zu verrichten hatten.

Im 19. Jahrhundert galten Krapfen aufgrund der teuren Zutaten (Honig, Rohrzucker für das Zuckerhäubchen) als teure Luxusspeise und beliebtes Präsent.

# Süße Bauernkrapfen

## ZUTATEN:

- 25 g pflanzliche Butter
- 250 ml pflanzliche Milch
- 300 g Mehl
- 1 Pkg. Trockengerm (*Trockenhefe*)
- Salz
- Öl
- Staubzucker (*Puderzucker*)
- Marmelade (*Konfitüre*)

## ZUBEREITUNG:

1. Die Butter zerlassen und mit der Milch erwärmen (nicht kochen).

2. Die Flüssigkeit mit dem Mehl, dem Germ sowie einer Prise Salz vermengen und zu einem glatten Teig verkneten.

3. Diesen in einer geschlossenen Schüssel in ein warmes Wasserbad stellen.

4. Wenn der Deckel aufgesprungen ist, den Teig nochmals kneten und – dieses Mal ohne Deckel – erneut rasten lassen.

5. Sobald er aufgegangen ist, kann er weiterverarbeitet werden. Dazu den Teig auf ein bemehltes Nudelbrett geben und ca. faustgroße Kugeln formen.

6. Diese mit einem Geschirrtuch bedecken und nochmals ca. fünf bis zehn Minuten rasten lassen.

7. Reichlich Öl in einer tiefen Pfanne erhitzen.

8. Die Teigstücke flachdrücken, von innen heraus ausziehen, sodass ein dickerer Rand entsteht, und im heißen Öl auf beiden Seiten goldbraun backen.

9. Die Krapfen vorsichtig herausheben, abtropfen lassen und mit Staubzucker bestreut sowie mit einem Klecks Marmelade in der Mitte servieren.

# Apfelstrudel

## ZUTATEN:

- 250 g Mehl
- 125 ml warmes Wasser
- Öl
- 1,5 kg feste, säuerliche Äpfel
- 1 Zitrone
- 5 EL Zucker
- 100 g Rosinen
- 1 EL Zimt
- Staubzucker *(Puderzucker)*

## ZUBEREITUNG:

1. Das Mehl mit dem warmen Wasser und zwei Esslöffeln Öl vermengen und gut durchkneten.

2. Den Teig zu einer Kugel formen, mit etwas Öl bestreichen, in Frischhaltefolie wickeln und mindestens 30 Minuten rasten lassen.

3. Die Äpfel schälen, vierteln, entkernen und in feine Scheiben schneiden.

4. Die Apfelscheiben in einer Schüssel mit zwei Esslöffeln Zitronensaft, dem Abrieb der Schale sowie dem Zucker, dem Zimt und den Rosinen vermengen.

5. Vor den weiteren Arbeitsschritten das Backrohr auf 180 Grad vorheizen.

6. Den Strudelteig aus der Folie nehmen, nochmals durchkneten und auf einem großen, mit Mehl bestäubten Tuch zu einem Rechteck ausrollen.

7. Danach mit bemehlten Händen vorsichtig dünn ausziehen.

8. Die Apfelfüllung in die Mitte des Strudelteiges geben und der Länge nach gleichmäßig verteilen.

9. Anschließend die Seiten einschlagen und den Teig aufrollen.

10. Den Strudel mithilfe des Tuches mit der Naht nach unten auf ein mit Backpapier belegtes Backblech geben.

11. Mit Wasser bepinseln und ca. 20 Minuten lang goldbraun backen.

12. Wenn er fertig ist, etwas auskühlen lassen und mit Staubzucker bestreuen.

### TIPP

*Die Füllung kann auch mit einem Schuss Rum und/oder Mandelsplittern verfeinert werden.*

# Der spanische Teig

Das Wort „Strudel", welches sich vom althochdeutschen „stredan" (wallen) ableitet, findet sich bereits 1629 in handgeschriebenen Kochbüchern und ging als Lehnwort sogar in die englische Sprache ein, jedoch betrifft dies nur die süße Variante.

Vermutlich stammt der hauchdünn ausgezogene Teig ursprünglich aus dem Orient. Unter maurischer Herrschaft soll er über Nordafrika nach Spanien und Frankreich gelangt sein, weshalb er in historischen Büchern noch als „Spanischer Teig" bezeichnet wird.

Die türkische Eroberung Europas sorgte für die weitere Verbreitung des Teiges, welcher sich aufgrund der Haltbarkeit gut als Marschverpflegung eignete. So hielt die Mehlspeise bald Einzug in die Habsburgermonarchie und kam über die Balkanländer sowie Ungarn auch nach Österreich. Das ungarische Weizenmehl eignete sich aufgrund des hohen Kleberanteils übrigens besonders gut zur Herstellung, so bezogen die besten Köche noch lange ihr Mehl aus Ungarn.

Vor der Erfindung des Backofens wurde der Strudel über offenem Feuer in einer gusseisernen Pfanne mit Deckel zubereitet.

Salonfähig wurde er angeblich vor allem durch Kaiserin Maria Theresia (1717–1780). Ab dem 18. Jahrhundert findet man außerdem bereits eine Vielzahl an süßen und pikanten Variationen. Der Wiener Apfelstrudel verlieh sogar einer Apfelsorte ihren Namen: Der „Strudler" bietet sich aufgrund des säuerlichen Geschmacks besonders für die beliebte Mehlspeise an.

Einem alten Sprichwort zufolge machen verliebte Köchinnen den besten Apfelstrudel. Der Teig könne von ihnen so dünn ausgerollt werden, dass sie selbst ihre Liebesbriefe durch ihn hindurch lesen können.

# Eierlikör-Gugelhupf

## ZUTATEN:

- Etwas pflanzliche Butter und Semmelbrösel (Paniermehl) für die Form
- 200 g pflanzliche Butter
- 70 g Zucker
- 1 TL Vanillezucker
- 400 g Mehl
- 125 ml pflanzliche Milch
- 125 ml pflanzlicher Vanillepudding
- 2 cl Wodka
- ½ Zitrone
- 1 EL Backpulver
- Staubzucker (Puderzucker)

## ZUBEREITUNG:

1. Das Backrohr auf 180 Grad vorheizen, eine Gugelhupfform mit etwas Butter einfetten und mit Semmelbröseln ausstreuen.

2. Die Butter mit dem Zucker und dem Vanillezucker schaumig rühren.

3. Anschließend abwechselnd das Mehl und die Milch unterrühren.

4. Den Vanillepudding mit dem Wodka vermischen und ebenso wie den Abrieb und den Saft der halben Zitrone sowie das Backpulver zum Teig geben.

5. Alle Zutaten gut verrühren, bis eine gleichmäßige Masse entsteht.

6. Den Teig in die Form füllen und ca. eine Stunde lang backen.

7. Wenn er fertig ist (Nadelprobe), den Gugelhupf aus dem Rohr nehmen, etwas auskühlen lassen und vorsichtig herausstürzen.

8. Den Gugelhupf vor dem Servieren mit Staubzucker bestreuen.

> Eierlikör kam im 17. Jahrhundert völlig ohne Eier aus. Europäische Eroberer entdeckten bei den Ureinwohnern Brasiliens ein Getränk namens „Abacate", welches aus Avocado, Rohrzucker und Rum bestand. Die heute bekannte Form des Eierlikörs entstand 1876 durch den Destillateur Eugen Verpoorten, der aus Mangel an Avocados diese durch Eier ersetzte.

# Das Frühstück des Kaisers

Vorläufer des Gugelhupfs gab es schon in der Römerzeit, wie Ausgrabungen in Carnuntum, einem Heereslager vor Wien (im heutigen Bezirk Korneuburg/Niederösterreich), belegen. Die damaligen Modelle der Gugelhupfform waren aus Bronze oder Kupfer und zeigen kaum Abweichungen von der Form, die wir heute kennen. Der römische Gugelhupf soll die rotierende Sonne dargestellt haben, so nehmen Forscher an.

Die Gugelhupfformen verschwanden in den Wirren der Völkerwanderungen und traten erst im 15. Jahrhundert wieder in Erscheinung, wobei sie speziell in der Alpenregion rasche Verbreitung fanden. Lange Zeit gab es kein Standardrezept für diesen Kuchen; je nach Region, Anlass und finanziellen Mitteln bestand er aus einem Germ-, Rühr- oder Biskuitteig, mal sehr einfach, mal mit aufwendigen Zutaten verfeinert.

Eine wahre Renaissance erlebte er im 18. Jahrhundert, speziell in der Biedermeierzeit (1815–1848). Von Wien aus begann der Triumphzug durch die Länder der k. u. k. Monarchie. Sein wohl bekanntester Liebhaber war Kaiser Franz Josef I. (1830–1916), welcher sich den Gugelhupf zum Frühstück servieren ließ. So etablierte er sich rasch vom „Arme-Leute-Kuchen" zur angesehenen Mehlspeise, welche – fein bezuckert – auf keinem gutbürgerlichen Tisch fehlen durfte.

# Eispalatschinken

**ZUTATEN:**

- 150 g Mehl
- 1 TL Backpulver
- 30 g Zucker
- 125 ml pflanzliche Milch
- 50 ml Mineralwasser mit Kohlensäure
- pflanzliche Butter
- 100 g Sojaeis
- pflanzliches Schlagobers *(Sahne)*
- Staubzucker *(Puderzucker)*

**ZUBEREITUNG:**

1. Das Mehl, das Backpulver und den Zucker mit der Milch sowie dem Mineralwasser zu einem dickflüssigen, glatten Teig verrühren.

2. Etwas Butter in einer großen Pfanne erhitzen, etwa ein Viertel des Teiges in die Pfanne geben und diese schwenken, damit sich die Masse gleichmäßig verteilt.

3. Sobald der Teig in der Pfanne gestockt ist, die Palatschinke wenden und auf beiden Seiten goldbraun backen.

4. Die Schritte zwei und drei so lange wiederholen, bis der Teig aufgebraucht ist.

5. Palatschinken auf einen Teller geben, eine Kugel Eis darauf platzieren, einrollen und mit Staubzucker sowie Schlagobers servieren.

**TIPP**

*Zum Garnieren eignen sich auch Schokoladensoße und geriebene Nüsse.*

# Erdbeer-Mandel-Pofesen

ZUTATEN:

- Öl
- 10 Scheiben Toastbrot
- Erdbeermarmelade
  (Erdbeerkonfitüre)
- 125 ml pflanzliche Cuisine
- Mehl
- 100 g Mandelblättchen
- Staubzucker (Puderzucker)

ZUBEREITUNG:

1. In einem Topf reichlich Öl zum Ausbacken erhitzen.

2. Fünf der Toastscheiben großzügig mit Erdbeermarmelade bestreichen, jeweils mit einer leeren Toastscheibe bedecken und diagonal auseinanderschneiden.

3. Die Cuisine mit so viel Mehl anrühren, bis ein glatter Teig entsteht.

4. Die Toastdreiecke durch den Teig ziehen, bis diese vollständig bedeckt sind. Mit Mandelblättchen bestreuen und gleich im Anschluss im heißen Öl beidseitig goldbraun backen.

5. Die Pofesen vorsichtig herausnehmen, mit Küchenrolle abtupfen, mit Staubzucker bestreuen und heiß servieren.

# Haselnussgugelhupf

ZUTATEN:

- pflanzliche Butter für die Form
- 200 g pflanzliche Butter
- 70 g Zucker
- 1 TL Vanillezucker
- 300 g Mehl
- 250 ml Haselnussmilch
- 100 g geriebene Haselnüsse
- 3 TL Backpulver
- 250 g Reismilchschokolade
- 50 g Nougat
- 100 g Haselnusskrokant

ZUBEREITUNG:

1. Das Backrohr auf 180 Grad vorheizen, eine Gugelhupfform mit etwas Butter einfetten.

2. Die Butter mit dem Zucker und dem Vanillezucker schaumig rühren.

3. Anschließend abwechselnd das Mehl und die Milch untermengen.

4. Die geriebenen Haselnüsse sowie das Backpulver zum Teig geben und gut verrühren.

5. Den Teig in die Form füllen und den Gugelhupf ca. eine Stunde lang backen.

6. Wenn er fertig ist (Nadelprobe), den Gugelhupf aus dem Rohr nehmen, auskühlen lassen und vorsichtig herausstürzen.

7. In der Zwischenzeit die Reismilchschokolade mit dem Nougat in einem Wasserbad schmelzen.

8. Den Kuchen mit der Schoko-Nougat-Mischung glasieren und mit Haselnusskrokant bestreuen.

# Heidelbeertatscherl

## ZUTATEN:

- 125 g Mehl
- 25 g Zucker
- 1 TL Backpulver
- 125 ml pflanzliche Milch
- 50 g Heidelbeeren *(Blaubeeren)*
- pflanzliche Butter
- Löwen- oder Tannenwipfelhonig (Rezept Seite 13)

## ZUBEREITUNG:

1. Das Mehl, den Zucker, das Backpulver sowie die Milch zu einem glatten Teig verrühren.

2. Vorsichtig die Heidelbeeren unterheben.

3. Die Butter in einer beschichteten Pfanne erhitzen.

4. Mehrere kleine Portionen des Teiges in der Pfanne verteilen, sodass dünne „Tatscherl" entstehen.

5. Diese auf beiden Seiten goldbraun braten und mit Löwenzahn- oder Tannenwipfelhonig süßen.

## TIPP

*Für die ballaststoffreichere Version einfach ein Drittel des Mehles durch Weizen-, Dinkel- oder Haferkleie ersetzen.*

# Gebackene Hollerblüten

ZUTATEN:

- 10 Hollerblüten
- 150 g Mehl
- 5 EL Agavendicksaft
- 100 ml pflanzliche Milch
- 1 Prise Salz
- Öl
- Staubzucker *(Puderzucker)*

ZUBEREITUNG:

1. Die Blüten vorsichtig unter fließendem Wasser waschen und mit Küchenpapier abtrocknen.

2. Aus dem Mehl, dem Agavendicksaft, der Milch und dem Salz einen glatten Teig anrühren.

3. Reichlich Öl in einer Pfanne erhitzen.

4. Die Blüten durch den Teig ziehen und im Öl goldbraun backen.

5. Vorsichtig herausnehmen, mit Küchenpapier abtupfen, Staubzucker drüberstreuen und heiß servieren.

# Kaffeerollen

ZUTATEN:

- 1 Packung Blätterteig
- 300 ml pflanzliches Schlagobers *(Sahne)*
- 5 EL Staubzucker *(Puderzucker)*
- 3 EL löslicher Kaffee

ZUBEREITUNG:

1. Das Backrohr auf 180 Grad vorheizen.

2. Den Blätterteig längs in Streifen von einem Zentimeter Breite schneiden und auf Schaumrollenformen wickeln, sodass die Ränder leicht überlappen und später jeder Streifen eine Rolle ergibt.

3. Diese auf ein mit Backpapier belegtes Backblech geben und ca. 15 Minuten lang goldbraun backen.

4. Die Rollenformen anschließend vorsichtig entfernen und die Rollen auskühlen lassen.

5. In der Zwischenzeit Schlagobers zusammen mit dem Staubzucker und dem löslichen Kaffee steif schlagen.

6. Die Masse in einen Spritzsack mit sternförmigem Aufsatz geben und die Rollen damit füllen.

7. Kalt stellen und mit Staubzucker bestreut servieren.

# Kirschstrudel

## ZUTATEN:

- 250 g Mehl
- 125 ml warmes Wasser
- Öl
- 100 g pflanzliche Butter
- 100 g Semmelbrösel *(Paniermehl)*
- 1 kg entsteinte Kirschen
- 5 EL Zucker
- 150 g gemahlene Mandeln
- Staubzucker *(Puderzucker)*

## ZUBEREITUNG:

1. Das Mehl mit dem Wasser und zwei Esslöffeln Öl vermengen und gut durchkneten.

2. Den Teig zu einer Kugel formen, mit etwas Öl bestreichen, in Frischhaltefolie wickeln und mindestens 30 Minuten rasten lassen.

3. Die Butter in einer Pfanne erhitzen und die Semmelbrösel darin hellbraun rösten.

4. Die Kirschen, den Zucker und die gemahlenen Mandeln dazugeben und alles gut vermengen.

5. Vor den weiteren Arbeitsschritten das Backrohr auf 180 Grad vorheizen.

6. Den Strudelteig aus der Folie nehmen, nochmals durchkneten und auf einem großen, mit Mehl bestäubten Tuch zu einem Rechteck ausrollen.

7. Danach mit bemehlten Händen vorsichtig dünn ausziehen.

8. Die Kirschfüllung in die Mitte des Strudelteiges geben und der Länge nach gleichmäßig verteilen.

9. Anschließend die Seiten einschlagen und den Teig aufrollen.

10. Den Strudel mithilfe des Tuches mit der Naht nach unten auf ein mit Backpapier belegtes Backblech geben.

11. Mit Wasser bepinseln und ca. 20 Minuten lang goldbraun backen.

12. Wenn der Strudel fertig ist, etwas auskühlen lassen und mit Staubzucker bestreuen.

## TIPP

*Wenn saisonal keine Kirschen vorhanden sind, können diese durch eingelegte Weichseln (Sauerkirschen) ersetzt werden.*

# So ein Schmarrn!

Das Wort „Schmarrn" ist bereits seit dem 16. Jahrhundert bekannt und bedeutete damals „Schmalz"/„Fett".

Seit jeher war der Schmarrn ein beliebtes, weil einfaches, ländlich-bäuerliches Gericht. Erstmals schriftlich erwähnt wurde es 1563 in einer Hochzeitspredigt. Im 18. Jahrhundert wurde der Schmarrn verfeinert und somit auch in der städtisch-bürgerlichen Schicht ins Rezeptrepertoire aufgenommen.

Die Geschichte des Kaiserschmarrns ist eng mit der des österreichischen Kaiserhauses verbunden; mehrere Legenden ranken sich um seine Entstehung: Man erzählt sich, dass das Gericht 1854 eigentlich für Kaiserin Elisabeth gedacht war. Diese fand jedoch – stets bedacht auf ihre Figur – wenig Gefallen an der kalorienreichen Speise, ganz im Gegensatz zu ihrem Gatten Kaiser Franz Josef I. ... so wurde aus dem „Kaiserinschmarrn" ein „Kaiserschmarrn".

Eine andere Geschichte besagt, dass es sich um einen missglückten Palatschinkenteig handelte, der zum einen zu dick und zum anderen zerrissen war. Der Kaiser ließ die Nachspeise mit den Worten „So ein Schmarrn ist des Kaisers nicht würdig!" zurückgehen. Heute ist das Gericht eines der berühmtesten Österreichs. Sowohl süße als auch pikante Variationen sind ein fixer Bestandteil der traditionellen Küche.

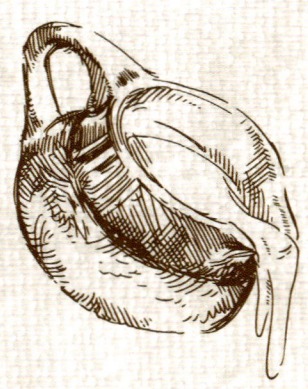

# Kaiserschmarrn

## ZUTATEN:

- 500 g Mehl
- 1 EL Backpulver
- 30 g Zucker
- 150 ml pflanzliche Milch
- 150 ml Mineralwasser mit Kohlensäure
- pflanzliche Butter
- 30 g Rosinen
- Staubzucker *(Puderzucker)*

## ZUBEREITUNG:

1. Das Mehl, das Backpulver und den Zucker mit der Milch sowie dem Mineralwasser zu einem dickflüssigen, glatten Teig verrühren.

2. Etwas Butter in einer großen Pfanne kurz aufschäumen lassen, den Teig eingießen, anbacken lassen und mit Rosinen bestreuen.

3. Von Zeit zu Zeit wenden und so auf beiden Seiten goldbraun backen.

4. Zum Schluss den Teig mit zwei Gabeln in unregelmäßige Stücke zerreißen und mit Staubzucker bestreut genießen.

### TIPP

*Für die pikante Variante den Zucker sowie die Rosinen weglassen und den Schmarrn mit Sauerkraut oder als Einlage in der Erdäpfelsuppe (Rezept Seite 27) servieren.*

# Das Fruchtbarkeitsbrot

Als „Kletzen" bezeichnet man Dörrbirnen, welche mit der Schale getrocknet wurden. Das Wort „Kletze" stammt vom mittelhochdeutschen „kloetzen", was „spalten" bedeutet, da die Birnen früher zur Trocknung gespalten wurden. Das Kletzenbrot ist ein traditionelles Weihnachtsgebäck, es war im Mittelalter unter dem Namen „piratura" bekannt und galt als Fruchtbarkeitssymbol.

Bereits die Kelten mischten getrocknetes Obst unter ihren Brotteig. Seine Süße erhielt das Brot von jeher nur aufgrund der Trockenfrüchte, auf Honig oder Zucker wurde verzichtet. Die Zutaten, deren Qualität sowie vor allem deren Menge, variierten aufgrund der Vermögenslage und waren auch abhängig vom Zahlenaberglauben. So sollte in Wimsbach (Bezirk Wels-Land/Oberösterreich) ein Kletzenbrot stets aus neun Zutaten bestehen.

Viele Rituale sind mit dem Kletzenbrot verbunden und werden speziell in den Raunächten und der Weihnachtszeit zelebriert. Die Bäckerinnen beispielsweise umarmten nach dem Kneten des Teiges mit noch teigverklebten Händen die Obstbäume. Dieses Fruchtbarkeitsritual sollte für eine reiche Ernte sorgen.

Bis um 1900 war das Kletzenbrot in Teilen des Innviertels (Oberösterreich) übrigens das einzige Geschenk, welches man unter den Christbaum legen durfte.

# Kletzenbrot

## ZUTATEN:

- 125 ml Wasser
- 500 g Kletzen
- 50 g Rosinen
- 50 g Aranzini
- 200 g Dörrzwetschken (Dörrpflaumen)
- 150 g Roggenmehl
- 100 g Weizenmehl
- 1 Pkg. Trockengerm (Trockenhefe)
- 1 Messerspitze Zimt
- 1 Messerspitze Nelkenpulver
- 2 EL Rum
- 70 g gehackte Walnüsse, Haselnüsse und Mandeln

## ZUBEREITUNG:

1. Das Wasser aufkochen, die Kletzen, Rosinen, Aranzini und die Dörrpflaumen klein schneiden und in das Wasser einlegen.

2. Eine Stunde lang ziehen lassen, anschließend das Obst abseihen und den Sud auffangen.

3. Diesen mit dem Mehl, dem Germ so wie den Gewürzen und dem Rum zu einem Teig verkneten und an einem warmen Ort ca. eine Stunde rasten lassen.

4. Danach den Teig teilen und ca. 20 Prozent davon zur Seite legen.

### TIPP

*Man kann nach Belieben auch getrocknete Datteln oder Marillen (Aprikosen) verwenden. Das Kletzenbrot sieht besonders schön aus, wenn die Oberseite vor dem Backen mit geschälten Mandeln und Cocktail-kirschen verziert wird.*

5. Den Rest mit den eingeweichten Früchten sowie den Nüssen vermengen, daraus einen Laib formen und diesen nochmals für ca. 20 Minuten gehen lassen.

6. Vor den weiteren Arbeitsschritten das Backrohr auf 180 Grad vorheizen.

7. Den beiseitegelegten Teig ausrollen und den Laib damit ummanteln.

8. Das Kletzenbrot mit Wasser bestreichen und ca. eine Stunde lang backen.

# Marillenknödel

## ZUTATEN:

- **500 g mehlige Erdäpfel** *(Kartoffeln)*
- **200 g pflanzliche Butter**
- **100 g griffiges Mehl**
- **50 g Grieß**
- **8 Marillen** *(Aprikosen)*
- **8 Stück Würfelzucker**
- **Abrieb einer halben Zitrone**
- **3 EL Zucker**
- **Semmelbrösel** *(Paniermehl)*
- **Staubzucker** *(Puderzucker)*

## ZUBEREITUNG:

1. Die Erdäpfel in der Schale kochen, auskühlen lassen, dann schälen und stampfen.

2. 150 g Butter in einem Topf zerlassen und zusammen mit dem Mehl und dem Grieß zu den Erdäpfeln geben, um alles miteinander zu einem glatten Teig zu verkneten.

3. Die Marillen entkernen und mit je einem Stück Würfelzucker füllen.

4. Den Teig zu einer Rolle formen, in acht gleich große Stücke schneiden und diese zwischen den bemehlten Händen zu flachen Scheiben drücken.

5. Danach den Teig um die Marillen schlagen und Knödel formen.

6. Reichlich Wasser zusammen mit der geriebenen Zitronenschale sowie dem Zucker in einem Topf zum Sieden bringen.

7. Die Knödel ca. acht bis zehn Minuten lang in leicht wallendem Wasser ziehen lassen.

8. Die restliche Butter in einer Pfanne erhitzen, die Semmelbrösel darin anrösten und mit Staubzucker vermischen.

9. Die fertigen Knödel darin wälzen und heiß servieren.

### TIPP
*Die Konsistenz des Knödelteiges verbessert sich, wenn man bereits am Vortag gekochte Erdäpfel verwendet.*

# Marmorgugelhupf

## ZUTATEN:

- Etwas pflanzliche Butter und Semmelbrösel (*Paniermehl*) für die Form
- 200 g pflanzliche Butter
- 200 g Zucker
- 1 Packung Vanillezucker
- 400 g Mehl
- 125 ml pflanzliche Milch
- ½ Zitrone
- 1 EL Backpulver
- 50 g Kakaopulver
- Staubzucker (*Puderzucker*)

## ZUBEREITUNG:

1. Das Backrohr auf 180 Grad vorheizen, eine Gugelhupfform mit etwas Butter einfetten und mit Semmelbröseln ausstreuen.

2. Die Butter mit dem Zucker und dem Vanillezucker schaumig rühren.

3. Anschließend abwechselnd das Mehl und die Milch unterrühren.

4. Den Abrieb und den Saft der halben Zitrone sowie das Backpulver hinzugeben, gut vermengen und den Teig in zwei Hälften teilen.

5. Die eine Hälfte des Teiges in die Form geben.

6. Die zweite Hälfte mit dem Kakaopulver verrühren und auf den hellen Teig gießen.

7. Danach vorsichtig marmorieren, indem man die Teige mit einer Gabel mehrmals von oben nach unten spiralförmig vermengt.

8. Den Kuchen ins Backrohr geben und ca. eine Stunde lang backen.

9. Wenn er fertig ist (Nadelprobe), den Gugelhupf aus dem Rohr nehmen, etwas auskühlen lassen und vorsichtig herausstürzen.

10. Den Gugelhupf vor dem Servieren mit Staubzucker bestreuen.

# Milchreis

**ZUTATEN:**

- 1 Liter pflanzliche Milch
- 1 EL pflanzliche Butter
- 250 g Milchreis
- 1 Packung Vanillezucker
- 3 EL Zucker
- 2 EL Zimt

**ZUBEREITUNG:**

1. Die Milch gemeinsam mit der Butter erhitzen.

2. Den Reis hinzugeben und bei schwacher Hitze ca. 20 Minuten lang garen.

3. Anschließend mit Vanillezucker, Zucker und Zimt abschmecken und warm servieren.

### TIPP

*Wenn Sie keinen als solchen bezeichneten „Milchreis" bekommen, verwenden Sie einfach Rundkornreis. Die Garzeit verlängert sich dann um 10-20 Minuten.*

# Minigugelhupf

**ZUTATEN:**

- etwas pflanzliche Butter für die Form
- 50 g pflanzliche Butter
- 25 g Zucker
- 150 g Mehl
- 100 ml pflanzliche Milch
- 30 g geriebene Mandeln
- 1 TL Backpulver
- 2 EL löslicher Kaffee
- Staubzucker *(Puderzucker)*

**ZUBEREITUNG:**

1. Das Backrohr auf 180 Grad vorheizen, sechs Minigugelhupfförmchen (ähnlich Muffinförmchen) mit etwas Butter einfetten.

2. Die Butter mit dem Zucker schaumig rühren.

3. Anschließend abwechselnd das Mehl und die Milch untermengen.

4. Die geriebenen Mandeln, das Backpulver sowie den löslichen Kaffee zum Teig geben und gut verrühren.

5. Den Teig in Minigugelhupfförmchen füllen und ca. 25 Minuten lang backen.

6. Wenn die Küchlein fertig sind (Nadelprobe), diese aus dem Backrohr nehmen, etwas auskühlen lassen, vorsichtig herausstürzen und mit Staubzucker bestreuen.

**TIPP**

*Die Minigugelhupfe eignen sich, in kleinen Säckchen oder Schachteln verpackt, auch als süßes Geschenk.*

# Mohnnudeln

**ZUTATEN:**

- 500 g mehlige Erdäpfel (Kartoffeln)
- 50 g pflanzliche Butter
- 150 g Mehl
- 1 Prise Salz
- 4 EL Zucker
- 1 Packung Vanillezucker
- 100 g geriebener Mohn

**ZUBEREITUNG:**

1. Die Erdäpfel in der Schale kochen, auskühlen lassen, schälen und dann stampfen.

2. Die Hälfte der Butter in einem kleinen Topf zerlassen.

3. Anschließend nach und nach Mehl und Salz einrühren und zusammen mit den Erdäpfeln zu einem weichen, glatten Teig kneten.

4. Den Teig in kleine Stücke portionieren und daraus auf einer bemehlten Unterlage fingerdicke, ungefähr drei Zentimeter lange Nudeln formen.

5. In einem Topf gesalzenes Wasser zum Sieden bringen und die Nudeln darin ca. zehn Minuten bei schwacher Hitze ziehen lassen.

6. Anschließend mit einer Schaumkelle herausheben und gut abtropfen lassen.

7. Die restliche Butter in einer Pfanne zerlassen, Zucker, Vanillezucker und Mohn hinzugeben.

8. Die Nudeln darin schwenken, ein bis zwei Minuten lang braten und heiß servieren.

# Mohn-palatschinken

## ZUTATEN:

- 150 g Mehl
- 2 TL Backpulver
- 30 g Zucker
- 125 ml pflanzliche Milch
- 50 ml Mineralwasser mit Kohlensäure
- pflanzliche Butter
- 100 g gemahlener Mohn
- 50 g gemahlene Mandeln
- 3 EL Agavendicksaft
- 1 TL geriebene Bio-Zitronenschale
- 3 EL Rum
- 100 ml pflanzliche Cuisine
- Staubzucker *(Puderzucker)*

## ZUBEREITUNG:

1. Das Mehl, das Backpulver und den Zucker mit der Milch sowie dem Mineralwasser zu einem dickflüssigen, glatten Teig verrühren.

2. Etwas Butter in einer großen Pfanne erhitzen, etwa ein Viertel des Teiges in die Pfanne geben und diese schwenken, damit sich die Masse gleichmäßig verteilt.

3. Sobald der Teig in der Pfanne gestockt ist, die Palatschinke wenden und auf beiden Seiten goldbraun backen.

4. Die Schritte zwei und drei so lange wiederholen, bis der Teig aufgebraucht ist.

5. Anschließend Mohn, Mandeln, Agavendicksaft, Zitronenschale, Rum sowie Cuisine miteinander vermischen und erhitzen.

6. Die Palatschinken mit der warmen Mohnmasse bestreichen, einrollen und mit Staubzucker bestreut servieren.

# Mohnstrudel

## ZUTATEN:

- 250 ml pflanzliche Milch
- 125 g Mohn
- 50 g Zucker
- 4 EL Rum
- 1 EL geriebene Bio-Orangenschale
- 60 g pflanzliche Butter
- 1 EL Vanillezucker
- 250 g Mehl
- 1 Pkg. Trockengerm *(Trockenhefe)*

## ZUBEREITUNG:

1. Für die Füllung die Hälfte der Milch erwärmen (nicht kochen), den Mohn, 30 g Zucker, den Rum sowie die geriebene Orangenschale hinzugeben und anschließend kalt stellen.

2. Die Butter mit dem übrigen Zucker und dem Vanillezucker schaumig rühren.

3. Anschließend abwechselnd das Mehl und die restliche Milch unterrühren.

4. Den Germ hinzugeben, gut verkneten und den Teig eine Stunde lang rasten lassen.

5. Vor den weiteren Arbeitsschritten das Backrohr auf 180 Grad vorheizen.

6. Den Teig auf einer bemehlten Arbeitsfläche zu einem Rechteck ausrollen.

7. Anschließend mit der Füllung bestreichen, die Seiten einschlagen und den Teig einrollen.

8. Mit der offenen Seite nach unten auf ein mit Backpapier belegtes Backblech legen, mit etwas Wasser bestreichen und ca. 40 Minuten lang backen.

### TIPP
*Wer es noch saftiger mag, kann die Füllung mit zwei Esslöffel Sojacreme verfeinern.*

# Mohnzelten

## ZUTATEN:

- 500 g mehlige Erdäpfel *(Kartoffeln)*
- 250 g pflanzliche Butter
- 100 g griffiges Mehl
- 50 g Grieß
- 350 g gemahlener Mohn
- 125 g Zucker
- 1 Packung Vanillezucker
- 3 EL Rum
- pflanzliche Milch

## ZUBEREITUNG:

1. Die Erdäpfel in der Schale kochen, auskühlen lassen, schälen und stampfen.

2. Das Backrohr auf 200 Grad vorheizen.

3. 200 g Butter in einem Topf zerlassen und zusammen mit dem Mehl und dem Grieß zu den gestampften Erdäpfeln geben, um anschließend alles miteinander zu einem glatten Teig zu verkneten.

4. Den Teig in ca. 16 gleich große Stücke teilen und runde, flache Kreise formen.

5. Für die Füllung die übrige Butter zerlassen und Mohn, Zucker, Vanillezucker sowie Rum unterrühren.

6. Die Füllung auf acht der Teigkreise verteilen, diese anschließend mit einem zweiten Teigstück bedecken und die Ränder schließen.

7. Die Zelten auf ein mit Backpapier belegtes Backblech geben, mit einer Gabel einstechen und mit etwas Milch bestreichen.

8. Im Ofen ca. 15 Minuten lang goldbraun backen.

# Mostkekse

- 250 g pflanzliche Butter
- 500 g Mehl
- 1 EL Backpulver
- 10 EL Most *(vergorener Obstsaft)*
- 100 g Marillenmarmelade *(Aprikosenkonfitüre)*
- Staubzucker *(Puderzucker)*

ZUBEREITUNG:

1. Das Backrohr auf 180 Grad vorheizen.
2. Die Butter in einem kleinen Topf zerlassen.
3. Das Mehl, das Backpulver, den Most und die zerlassene Butter zu einem glatten Teig verkneten.
4. Diesen in Frischhaltefolie wickeln und für ca. 30 Minuten kalt stellen.
5. Den Teig anschließend in ca. 15 gleich große Stücke teilen und runde, flache Kreise formen.
6. Einen Teelöffel Marmelade jeweils auf der einen Hälfte der Teigkreise verteilen und diese anschließend zusammenklappen, sodass kleine Halbkreise entstehen.
7. Die Kekse auf ein mit Backpapier belegtes Backblech geben und ca. 15 Minuten lang goldbraun backen.
8. Auskühlen lassen und mit Staubzucker bestreut servieren.

# Mozartkugeln

ZUTATEN:

- 250 g Marzipan
- 100 g Staubzucker *(Puderzucker)*
- 50 g gemahlene Pistazien
- 250 g Nougat
- 200 g Zartbitterschokolade

ZUBEREITUNG:

1. Eine mit Backpapier belegte Fläche vorbereiten.
2. Das Marzipan mit dem Staubzucker und den gemahlenen Pistazien zu einer geschmeidigen Masse verkneten.
3. Aus der Pistazien-Marzipan-Masse ebenso wie aus dem Nougat jeweils eine fingerdicke Rolle formen.
4. Die Rollen in ca. eineinhalb Zentimeter große Stücke schneiden und daraus kleine Kugeln drehen.
5. Die Nougatkugeln flachdrücken und um die Marzipan-Pistazien-Kugeln schlagen.
6. Die Zartbitterschokolade im Wasserbad schmelzen.
7. Die Kugeln auf Zahnstocher spießen und durch die Schokolade ziehen, bis sie vollständig bedeckt sind.
8. Antrocknen lassen, den Zahnstocher vorsichtig entnehmen und die Öffnung mit Schokolade schließen.

# Nusspalatschinken

**ZUTATEN:**

- 150 g Mehl
- 2 TL Backpulver
- 50 g Zucker
- 225 ml pflanzliche Milch
- 50 ml Mineralwasser mit Kohlensäure
- pflanzliche Butter
- 100 g gemahlene Walnüsse
- 3 EL Rum
- Staubzucker *(Puderzucker)*
- 1 Prise gemahlener Kardamon
- 1 Prise Zimt

**ZUBEREITUNG:**

1. Das Mehl, das Backpulver und 30 g Zucker mit 125 ml der Milch sowie dem Mineralwasser zu einem dickflüssigen, glatten Teig verrühren.

2. Etwas Butter in einer großen Pfanne erhitzen, etwa ein Viertel des Teiges in die Pfanne geben und diese schwenken, damit sich die Masse gleichmäßig verteilt.

3. Sobald der Teig in der Pfanne gestockt ist, die Palatschinke wenden und auf beiden Seiten goldbraun backen.

4. Die Schritte zwei und drei so lange wiederholen, bis der Teig aufgebraucht ist.

5. Anschließend die Walnüsse, 20 g Zucker, 100 ml Milch, Rum sowie Kardamon und Zimt miteinander vermischen und erwärmen.

6. Die Palatschinken mit der warmen Nussmasse bestreichen, einrollen und mit Staubzucker bestreut servieren.

# Eine Flade geht um die Welt

Die „Palatschinke" ist eine kulinarische Perle der k. u. k. Küche, welche von den Tellern Österreichs nicht mehr wegzudenken ist.

Die Spurensuche nach ihrer geschichtlichen Herkunft verläuft sich im römischen Reich, wo sie als „placenta" bekannt war. Der lateinische Begriff bedeutet „Kuchen", welcher im alten Rom anstelle von Brot verzehrt wurde.

Im slawischen Raum zum Beispiel als „palac inka" (tschechisch), „palacinky" (slowakisch) oder „palac inke" (kroatisch) bekannt, verbreitete sie sich schließlich bis nach Österreich, wo sie ab dem 19. Jahrhundert unter dem heutigen Namen „Palatschinke" auf den Tellern landete.

Aufgrund der einfachen Basiszutaten waren Palatschinken für jedermann erschwinglich. Über ihre Exklusivität entschied einzig und allein die Füllung.

Ob süß oder pikant – der Kreativität sind keine Grenzen gesetzt. So kennt man zahlreiche Versionen – von der Nussfüllung mit Schokoladencreme über Apfel-Zimt-Mischungen bis hin zu deftigen Varianten mit Speck, Kräutern und Käse oder Hackfleisch mit Paprika und Sauerrahm (Schmand).

Ähnliche Formen finden sich übrigens weltweit wieder, beispielsweise die russischen Bliny, die französischen Crêpes oder die amerikanischen Pancakes.

Blini

Palatschinke

Pancake

# Nussschnecken

## ZUTATEN:

- 250 ml pflanzliche Milch
- 150 g geriebene Haselnüsse
- 50 g Zucker
- 1 TL geriebene Bio-Zitronenschale
- 60 g pflanzliche Butter
- 1 EL Vanillezucker
- 250 g Mehl
- 1 Pkg. Trockengerm *(Trockenhefe)*

## ZUBEREITUNG:

1. Für die Füllung die Hälfte der Milch erwärmen (nicht kochen), die Haselnüsse, 30 g Zucker sowie die geriebene Zitronenschale hinzugeben und anschließend kalt stellen.

2. Die Butter mit dem übrigen Zucker und dem Vanillezucker schaumig rühren.

3. Anschließend abwechselnd das Mehl und die restliche Milch unterrühren.

4. Den Germ hinzugeben, gut verkneten und den Teig eine Stunde lang rasten lassen.

5. Vor den weiteren Arbeitsschritten das Backrohr auf 180 Grad vorheizen.

6. Den Teig auf einer bemehlten Arbeitsfläche zu einem Rechteck ausrollen.

7. Anschließend mit der Füllung bestreichen und einrollen.

8. Die Rolle in fingerdicke Stücke schneiden und diese auf ein Backblech mit Backpapier legen.

9. Anschließend mit etwas Wasser bestreichen und ca. 30 Minuten lang backen.

### TIPP
*Die Füllung kann mit etwas Rum und Rosinen verfeinert werden.*

# Powidltascherl

**ZUTATEN:**

- 500 g mehlige Erdäpfel *(Kartoffeln)*
- 250 g pflanzliche Butter
- 100 g griffiges Mehl
- 50 g Grieß
- 125 g Powidl *(Zwetschkenmus)*
- 50 g Semmelbrösel *(Paniermehl)*
- Staubzucker *(Puderzucker)*

**ZUBEREITUNG:**

1. Die Erdäpfel in der Schale kochen, auskühlen lassen, schälen und dann stampfen.

2. 200 Gramm Butter in einem Topf zerlassen und zusammen mit dem Mehl und dem Grieß zu den gestampften Erdäpfeln geben, um anschließend alles miteinander zu einem glatten Teig zu verkneten.

3. Den Teig in ca. 16 gleich große Stücke teilen und runde, flache Kreise formen.

4. Einen Teelöffel Powidl jeweils auf die eine Hälfte der Teigkreise setzen und die andere Teighälfte zuklappen, sodass Halbkreise entstehen.

5. Die Ränder mit einer in Wasser getunkten Gabel sorgsam zusammendrücken.

6. In einem Topf gesalzenes Wasser zum Sieden bringen und die Tascherl darin ca. zehn Minuten bei schwacher Hitze ziehen lassen.

7. Inzwischen die restliche Butter in einer Pfanne erhitzen, die Semmelbrösel darin anrösten und mit Staubzucker vermischen.

8. Die fertigen Powidltascherl mit einer Schaumkelle aus dem Wasser heben, in den Bröseln wälzen und heiß servieren.

# Punschkrapferl

## ZUTATEN:

- **150 g Mehl**
- **1 TL Backpulver**
- **100 g Staubzucker** (*Puderzucker*)
- **100 ml pflanzliche Milch**
- **50 ml Mineralwasser mit Kohlensäure**
- **150 g Zartbitterschokolade**
- **50 g Marillenmarmelade** (*Aprikosenkonfitüre*)
- **50 ml Rum**
- **25 g pflanzliche Butter**
- **Rotwein**
- **250 g Staubzucker** (*Puderzucker*)

### TIPP
*Der Rotwein in der Glasur kann durch Himbeersirup ersetzen.*

## ZUBEREITUNG:

1. Das Backrohr auf 180 Grad vorheizen.

2. Das Mehl mit dem Backpulver, dem Staubzucker sowie der Milch und dem Mineralwasser zu einem glatten Teig verrühren.

3. Den Teig gleichmäßig auf einem mit Backpapier belegten Backblech verteilen und ca. 15 bis 20 Minuten lang goldbraun backen.

4. Den Kuchen auskühlen lassen und zwei Drittel davon in eine gerade Anzahl gleich großer Quadrate (ca. vier mal vier Zentimeter) schneiden.

5. Das übrige Drittel in einer Schüssel zerbröseln.

6. Die Zartbitterschokolade im Wasserbad schmelzen und mit der Marmelade, dem Rum sowie den Kuchenbröseln vermengen.

7. Die Hälfte der Kuchenquadrate großzügig mit der dunklen Masse bestreichen und mit je einem Kuchenquadrat bedecken.

8. Die Butter zerlassen und abkühlen lassen.

9. Nach und nach etwas Rotwein zum Staubzucker geben und mit der zerlassenen Butter gut verrühren, bis eine geschmeidige, glatte Glasur entsteht.

10. Die Glasur abkühlen lassen. (Sie sollte jedoch noch weich und streichfähig sein.)

11. Die Punschkrapferl mit der Glasur überziehen und kühl stellen, erst servieren, wenn die Glasur trocken ist.

# Ribiselkuchen

## ZUTATEN:

- 50 g pflanzliche Butter
- 500 g Mehl
- 80 g Zucker
- 200 ml pflanzliche Milch
- 1 EL Backpulver
- 50 g Erdbeermarmelade (Erdbeerkonfitüre)
- 300 g gewaschene Ribisel (Johannisbeeren)
- Staubzucker (Puderzucker)

## ZUBEREITUNG:

1. Das Backrohr auf 180 Grad vorheizen.

2. Die Butter in einem kleinen Topf zerlassen und mit dem Mehl, dem Zucker, der Milch und dem Backpulver zu einem glatten Teig verrühren.

3. Eine runde Tortenform mit Butter ausfetten und den Teig gleichmäßig darin verteilen.

4. Die Ribiselmarmelade in einem kleinen Topf erwärmen und den Teig damit bestreichen.

5. Abschließend den Teig mit den Ribiseln bestreuen und ca. 25 Minuten lang goldbraun backen.

6. Auskühlen lassen und mit Staubzucker bestreut servieren.

# Scheiterhaufen

## ZUTATEN:

- 1 Handvoll Rosinen
- 50 ml Rum
- 250 g Toastbrot
- 500 ml pflanzliche Milch
- 70 g Zucker
- 500 g Äpfel
- 5 EL Agavendicksaft
- 1 EL Zimt
- pflanzliche Butter

## ZUBEREITUNG:

1. Rosinen am Vortag in Rum einlegen.

2. Das Backrohr auf 180 Grad vorheizen.

3. Das Toastbrot in Streifen schneiden, mit der Milch übergießen, den Zucker zugeben und gut vermengen.

4. Die Äpfel schälen, vierteln, entkernen und in feine Scheiben schneiden.

5. Den Agavendicksaft sowie den Zimt und die eingelegten Rosinen mit den Äpfeln vermischen.

6. Eine Auflaufform mit etwas Butter einfetten und die beiden Massen (mit dem Toast beginnend und mit den Äpfeln abschließend) abwechselnd schichten.

7. Den Scheiterhaufen ca. 20 Minuten lang backen und warm servieren.

TIPP: *Schmeckt sehr gut mit Vanillesoße!*

# Schokoladentorte nach Franz Sacher

- etwas pflanzliche Butter und Mehl für die Form
- 350 g Zartbitterschokolade
- 500 g Mehl
- 30 g Speisestärke
- 250 g Zucker
- 1 Packung Vanillezucker
- 25 g Staubzucker *(Puderzucker)*
- 350 g pflanzliche Butter
- 450 ml pflanzliche Milch
- 50 ml Mineralwasser mit Kohlensäure
- 3 EL Rum
- 1 EL Backpulver
- 1 Prise Salz
- 300 g Marillenmarmelade *(Aprikosenkonfitüre)*
- pflanzliches Schlagobers *(Sahne)*

## ZUBEREITUNG:

1. Das Backrohr auf 180 Grad vorheizen, eine Springform mit etwas Butter einfetten und mit Mehl stauben.

2. 150 g der Schokolade im Wasserbad schmelzen.

3. In der Zwischenzeit Mehl, Speisestärke, Zucker, Vanillezucker, Staubzucker, 250 g Butter, Milch, Mineralwasser, Rum, Backpulver und eine Prise Salz zu einer glatten Masse verrühren und anschließend die geschmolzene Schokolade untermengen.

4. Den Teig in die Form füllen und ca. 60 Minuten lang backen.

5. Wenn sie fertig ist (Nadelprobe), die Torte aus dem Rohr nehmen und auskühlen lassen, dann vorsichtig die Form entfernen.

6. Die Marillenmarmelade in einem kleinen Topf erwärmen und die Oberseite der Torte damit bestreichen.

7. Die restliche Schokolade zusammen mit der übrigen Butter im Wasserbad schmelzen und die Torte mit der Glasur übergießen, bis sie vollständig überzogen ist (Achtung: Nicht verstreichen, da sonst der Glanz verloren geht!).

8. Anschließend kühl stellen, bis die Glasur ausgehärtet ist und mit Schlagobers servieren.

# Die köstliche Lehrlingskreation

Im Jahr 1832 beauftragte Fürst Metternich seine Hofköche, ein besonders delikates Dessert für sich und seine Gäste zu kreieren, und ermahnte diese noch ausdrücklich, ihm keine Schande zu bereiten. Doch der Chefkoch war erkrankt und so erfand der 16-jährige Lehrling im zweiten Lehrjahr, Franz Sacher (1816–1907), die Grundform der heutigen Sachertorte.

Nachdem Sacher sich später jahrelang in Pressburg (Bratislava) und Budapest aufgehalten hatte, kehrte er 1848 nach Wien zurück und eröffnete einen Feinkostladen. Sein Sohn Eduard, Absolvent des k. u. k. Hofzuckerbäckers Demel, vollendete die vom Vater erfundene Torte und gründete 1876 das Hotel Sacher in Wien.

In den darauffolgenden Jahren entbrannte ein Rechtsstreit um die Bezeichnung der „Original Sachertorte" zwischen dem Hotel Sacher und dem Hofzuckerbäcker Demel. Neben dem Namen war auch die Anzahl der Marmeladenschichten (zwei Schichten oder doch nur eine Schicht unter der Schokoladenglasur) ein Streitpunkt, bis es 1963 zu einer außergerichtlichen Einigung kam. Die „Original Sacher-Torte" ist seither ausschließlich im Hotel Sacher in Wien und Salzburg sowie in den dazugehörigen Cafés, im Café Sacher in Innsbruck und Graz, im Sacher Shop Bozen, im Sacher Eck' am Flughafen Wien sowie im Sacher-Onlineshop erhältlich.

Die Popularität der Torte blieb von den Streitigkeiten jedoch unberührt. Die feine Mehlspeise erfreut sich auch heute noch weit über die Grenzen Österreichs hinaus größter Beliebtheit.

# Topfenpalatschinken

**ZUTATEN:**

- 150 g Mehl
- 1 TL Backpulver
- 100 g Zucker
- 175 ml pflanzliche Milch
- 50 ml Mineralwasser mit Kohlensäure
- pflanzliche Butter
- 500 g Seidentofu
- 1 EL geriebene Bio-Zitronenschale
- 2 EL Zitronensaft
- Mark einer Vanilleschote

**ZUBEREITUNG:**

1. Das Backrohr auf 180 Grad vorheizen.

2. Das Mehl, das Backpulver und 30 g Zucker mit 125 ml Milch sowie dem Mineralwasser zu einem dickflüssigen, glatten Teig verrühren.

3. Etwas Butter in einer großen Pfanne erhitzen, etwa ein Viertel des Teiges in die Pfanne geben und diese schwenken, damit sich die Masse gleichmäßig verteilt.

4. Sobald der Teig in der Pfanne gestockt ist, die Palatschinke wenden und auf beiden Seiten goldbraun backen.

5. Die Schritte drei und vier so lange wiederholen, bis der Teig aufgebraucht ist.

6. In der Zwischenzeit den übrigen Zucker sowie die restliche Milch mit Seidentofu, Zitronenschale, Zitronensaft und Vanillemark vermengen und gut pürieren.

7. Eine Auflaufform mit Butter einfetten, die Palatschinken füllen, einrollen und nebeneinander in die Form legen.

8. Etwas Butter zerlassen und die Palatschinken damit einstreichen.

9. Im Ofen ca. 20 Minuten lang überbacken, bis sie goldbraun sind.

# Topfentatscherl

**ZUTATEN:**

- 200 g Seidentofu
- ½ Zitrone
- 5 EL Zucker
- 1 Vanilleschote
- 1 Packung Blätterteig
- pflanzliche Milch

**TIPP**

*Wer eine cremigere Konsistenz bevorzugt, kann den Seidentofu auch zur Hälfte (oder zur Gänze) durch Sojacreme (pflanzliche Alternative zur Crème fraîche) ersetzen.*

**ZUBEREITUNG:**

1. Das Backrohr auf 180 Grad vorheizen.

2. Den Seidentofu mit dem Abrieb sowie dem Saft der halben Zitrone, dem Zucker und dem Mark der Vanilleschote verrühren.

3. Den Blätterteig in sechs gleich große Quadrate schneiden.

4. Jeweils einen Löffel der Creme in die Mitte der Quadrate geben und die Ecken einschlagen.

5. Die Tatscherl auf ein mit Backpapier belegtes Backblech geben, mit etwas Milch bestreichen und im Backrohr ca. 20 Minuten lang goldbraun backen.

# Zwetschkenknödel

**ZUTATEN:**

- **500 g mehlige Erdäpfel** *(Kartoffeln)*
- **200 g pflanzliche Butter**
- **100 g griffiges Mehl**
- **50 g Grieß**
- **8 Zwetschken** *(Pflaumen)*
- **100 g Marzipan**
- **Abrieb einer halben Zitrone**
- **3 EL Zucker**
- **Semmelbrösel** *(Paniermehl)*
- **Staubzucker** *(Puderzucker)*

**ZUBEREITUNG:**

1. Die Erdäpfel in der Schale kochen, auskühlen lassen, schälen und stampfen.

2. 150 g Butter in einem Topf zerlassen und zusammen mit dem Mehl und dem Grieß zu den Erdäpfeln geben, um alles miteinander zu einem glatten Teig zu verkneten.

3. Die Zwetschken entkernen und mit je einer kleinen Marzipankugel füllen.

4. Den Teig zu einer Rolle formen, in acht gleich große Stücke schneiden und diese zwischen den bemehlten Händen zu flachen Scheiben drücken.

5. Danach den Teig um die Zwetschken schlagen und Knödel formen.

6. Reichlich Wasser zusammen mit der geriebenen Zitronenschale sowie dem Zucker in einem Topf zum Sieden bringen.

7. Die Knödel ca. acht bis zehn Minuten lang in leicht wallendem Wasser ziehen lassen.

8. Die restliche Butter in einer Pfanne erhitzen, die Semmelbrösel darin anrösten und mit Staubzucker vermischen.

9. Die fertigen Knödel darin wälzen und heiß servieren.

### TIPP

*Besonders lecker schmecken die Knödel, wenn die Zwetschken zuvor in Rum eingelegt wurden.*

# Zwetschkenfleck mit Streuseln

## ZUTATEN:

- 120 g pflanzliche Butter
- 220 ml pflanzliche Milch
- 600 g Mehl
- 1 Pkg. Trockengerm *(Trockenhefe)*
- 130 g Zucker
- 150 g Marillen- oder Zwetschken-marmelade *(Konfitüre)*
- 25 entkerne, halbierte Zwetschken *(Pflaumen)*
- Rum
- 40 g Rohmarzipan
- 50 g geriebene Haselnüsse

### TIPP
*Streusel lassen sich sehr gut einfrieren und wieder verwenden.*

## ZUBEREITUNG:

1. Die Butter aus dem Kühlschrank nehmen und 50 g davon zusammen mit der Milch erwärmen. (Die restliche Butter nicht zurück in den Kühlschrank geben!)

2. Danach 500 g Mehl mit dem Germ, 80 g Zucker und der Flüssigkeit zu einem geschmeidigen Teig verkneten.

3. Diesen an einem warmen Ort ca. 30 Minuten lang rasten lassen.

4. Vor den weiteren Arbeitsschritten das Backrohr auf 180 Grad vorheizen.

5. Den Teig nochmals durchkneten und mit einem Nudelholz fingerdick ausrollen.

6. Anschließend auf ein mit Backpapier belegtes Backblech geben und mit der Marmelade bestreichen.

7. Die Zwetschken mit der Schnittseite nach oben dicht an dicht in den Teig drücken und mit etwas Rum beträufeln.

8. Nun das restliche Mehl, den übrigen Zucker sowie die inzwischen zimmerwarme restliche Butter mit dem Marzipan und den Haselnüssen verkneten, bis sich kleine Streusel bilden.

9. Diese über den Kuchen verteilen und ca. 30 Minuten lang backen.

# Zwetschkenpofesen

## Zutaten:

- Öl
- 10 Scheiben Toastbrot
- Powidl *(Zwetschkenmus)*
- 125 ml pflanzliche Cuisine
- Mehl
- Staubzucker *(Puderzucker)*

1. In einem Topf reichlich Öl zum Ausbacken erhitzen.

2. Fünf der Toastscheiben großzügig mit
   Powidl bestreichen, jeweils mit einer
   leeren Toastscheibe bedecken und diagonal auseinanderschneiden.

3. Die Cuisine mit so viel Mehl anrühren, bis ein glatter Teig entsteht.

4. Die Toastdreiecke durch den Teig
   ziehen, bis diese vollständig bedeckt
   sind, und gleich im Anschluss im heißen Öl beidseitig goldbraun backen.

5. Die Pofesen vorsichtig herausnehmen, mit Küchenrolle abtupfen, mit
   Staubzucker bestreuen und heiß servieren.

### TIPP

*Traditionell wird Powidl (aus dem
Tschechischen, „povidla") ohne Zucker
hergestellt. Der natürliche Zucker-
gehalt der Früchte reicht aus.
Um 100 g Powidl herzustellen, kocht
man ca. 500 g Früchte ein.*

# Zwetschkenschmarrn

## Zutaten:

- 500 g Mehl
- 1 EL Backpulver
- 30 g Zucker
- 150 ml pflanzliche Milch
- 150 ml Mineralwasser mit Kohlensäure
- pflanzliche Butter
- 500 g Zwetschken *(Pflaumen)*
- 5 EL feiner Kristallzucker
- Zimt

1. Das Mehl, das Backpulver und den Zucker mit der Milch sowie dem Mineralwasser zu einem dickflüssigen, glatten Teig verrühren.

2. Die Zwetschken entkernen, fein würfeln und unter den Teig heben.

3. Etwas Butter in einer großen Pfanne kurz aufschäumen lassen, den Teig eingießen und anbacken lassen.

4. Von Zeit zu Zeit wenden und so auf beiden Seiten goldbraun backen.

5. Zum Schluss den Teig mit zwei Gabeln in unregelmäßige Stücke zerreißen und mit dem Zucker sowie etwas Zimt bestreut genießen.

### TIPP

*Eingemachte Zwetschken aus dem Glas sind zu jeder Jahreszeit besonders aromatisch, diese können auch am Vortag in etwas Rum eingelegt werden.*

# Warum vegan?

Der Veganismus bezeichnet nicht nur eine Ernährungsform, welche gänzlich auf tierische Produkte verzichtet, sondern lehnt auch in anderen Bereichen (Kleidung, Textilien, Kosmetik- und Hygieneartikel, Freizeitbeschäftigung etc.) jegliche Form der Tierausbeutung ab.

## Warum kein/e:

### Fleisch:

58 Milliarden Tiere werden jährlich (!) für Fleisch und andere tierische Produkte getötet. Es handelt sich um hochentwickelte Lebewesen mit ausgeprägtem Sozialverhalten, Lebenswillen und Schmerzempfinden. Das Tierleid, welches durch die unwürdige Gefangenschaft, Misshandlung (Kastration, Zahnziehen, Ausbrennen der Hörner ohne Betäubung etc.) und gewaltsame Tötung entsteht, ist von unvorstellbarem Ausmaß. Jedes Wesen hat ein Grundrecht auf Leben, Unversehrtheit und Freiheit.

### Fisch und Meeresfrüchte:

Wissenschaftliche Studien beweisen bereits seit den 70er-Jahren, dass auch diese Lebewesen auf schädigende Reize stark reagieren, unangenehme Einflüsse vermeiden und alle Kriterien für Schmerzempfinden erfüllen. 1984 entdeckte der holländische Physiologe Verheijen, dass Fische zudem auch zu ganz bewussten Wahrnehmungen wie Angst und Stress fähig sind. Nervenzellen im Vorderhirn sind – ähnlich wie die Neuronen in der Großhirnrinde beim Säugetier – dafür zuständig. Die Leerfischung der Weltmeere ist ein weiteres Argument gegen den Konsum von Fisch und Meeresfrüchten.

### Eier:

Da männliche Küken für die Produktion von Eiern nicht relevant sind, werden sie am Tag ihrer Geburt vergast oder zerhäckselt. Lässt die Legeleistung der Henne nach, wird auch sie getötet. Selbst die vermeintlich glücklichen Bio-Hühner haben kaum eine höhere Lebenserwartung als ein bis zwei Jahre.

## Milch:

Milch ist das wohl unnatürlichste aller Nahrungsmittel.

Kein anderes Lebewesen als der Mensch trinkt über das Säuglingsalter hinaus Milch, schon gar nicht die einer anderen Spezies. Während der Großteil der männlichen Kälber bereits nach einigen Wochen den Weg zum Schlachter antreten muss, erwarten die moderne Milchkuh von heute ein enger Stall, beißender Ammoniakgeruch, ständige Euterentzündungen (Mastritis), wiederholte künstliche Befruchtung sowie der immer wiederkehrende, grausame Trennungsschmerz nach der Geburt ihrer Kälber. Diese werden nämlich in der Regel umgehend von ihren Müttern separiert und in kleine, von der Europäischen Union genormte Kälberboxen gesperrt. Anstatt Körperwärme, Nähe und der für sie vorgesehenen Muttermilch bekommen die Säuglinge nur chemische Ersatznahrung.

Die natürliche Lebenserwartung einer Kuh liegt zwischen 20 und 25 Jahren – ein Alter, das die moderne Hochleistungskuh nicht erreicht. Sie wird bereits zwischen dem vierten und siebten Lebensjahr, wenn die Milchleistung nachlässt, geschlachtet.

## Schafwolle:

Der Großteil der in Europa verfügbaren Schafwolle stammt aus Australien.

Tausende geschorene Lämmer erfrieren dort jährlich aufgrund der extremen Witterungsbedingungen. Der Tod durch Verhungern oder Verdursten sowie Hitzeschläge steht ebenso an der Tagesordnung, da die meisten Tiere halbwild auf riesigen Flächen leben.

Auch bei der Schur verenden viele Tiere aufgrund von Verletzungen – entweder sofort durch den Blutverlust oder in weiterer Folge an Entzündungen. Schlachtreife Tiere werden zu Tausenden unter unvorstellbaren Bedingungen in arabische Länder verschifft, um dort geschächtet zu werden.

## Leder:

Leder schlägt mit beachtlichen zehn Prozent der Gewinne der Fleischindustrie zu Buche. Somit handelt es sich keinesfalls um ein reines Abfallprodukt. Auch die ökologischen Folgen durch die Verunreinigung des Wassers durch Chrom, welches zum Gerben verwendet wird, sind bekannt.

### Seide:

Seidenraupen werden in Massen gezüchtet. Um an die Seide, welche durch die Kokonbildung gesponnen wird, zu gelangen, werden die Raupen samt Kokon in kochendes Wasser geworfen.

### Daunen:

Rund fünf Mal in ihrem Leben werden die Tiere bei lebendigem Leib gerupft und anschließend verletzt und ohne Wärmeschutz wieder ausgesetzt. Am Ende werden sie geschlachtet.

### Honig:

Auch für die Zweckentfremdung von Honig werden ganze Bienenvölker, welche als zu schwach angesehen werden, ausgeschwefelt. Bei der Entnahme der Waben, dem Schleudern etc., werden ebenfalls Bienen verletzt und getötet.

Go Vegan!

# Umwelt

Die Erzeugung tierischer Produkte hängt unmittelbar mit der Rodung des Regenwaldes sowie der Verschmutzung und Überdüngung unserer Gewässer zusammen. Die Verdichtung des Bodens, die daraus folgende Bodenerosion und die Verschwendung wertvollen Wassers sind weitere negative Aspekte. Außerdem trägt die Entstehung von Methan durch die Fäkalien der Nutztiere um 40 Prozent mehr zum Klimawandel bei als die Abgase aller Autos, LKWs und Flugzeuge weltweit.

# Welthunger

50 Prozent der Weltgetreideernte sowie 90 Prozent der Weltsojaernte werden als Futter für Nutztiere in Massentierhaltung verwendet. Gleichzeitig hat eine Milliarde Menschen zu wenig zu essen und 40.000 Kinder sterben jährlich an Hunger.

# Über die Autorin

Daniela Friedl wurde 1984 in Salzburg geboren. Die akademische Sportjournalistin lebt mit ihrem Mann und ihren Tieren in einem 200 Jahre alten Bauernhaus im Salzburger Seengebiet.

Obwohl sie im ländlichen Flachgau aufwuchs, wo Fleischgerichte an der Tagesordnung standen, lebte sie bereits in ihrer Kindheit vegetarisch und entschied sich Anfang 2009 aus ethischen Gründen für eine vegane Lebensweise.
Mit Verzicht hatte dieser Schritt jedoch nichts zu tun: Aus Liebe zur österreichischen Küche wurden die traditionellen Gerichte von nun an eben vegan zubereitet. Kaum ein lieb gewonnenes Rezept konnte nicht adaptiert werden.

Daniela Friedl steht für herzhafte Hausmannskost, von deftigen Gerichten bis hin zu süßen Mehlspeisen – vegan und tierleidfrei.

Ihre Erfahrungen teilt die Autorin in folgenden Büchern:

„Mitleid unangebracht – vegan leben in Österreich" (Tredition 2011)
„Schnelle vegane Küche – sojafrei und einfach" (BoD 2012)

Weitere Informationen finden Sie auf

www.vegane-hausmannskost.com.

Bildnachweis Fotolia.com: © Christian Jung, © Ina Schoenrock, © emer, © raven, © VRD, © Minerva Studio, © Jakob Radlgruber, © Eskymaks, © Magdalena Kucova, © cienpiesn, © atira, © timages, © Visions-AD, © hitdelight, © Ingo Bartussek, © Stauke, © yadviga, © canicula, © Thomas Francois, © Daniel Ernst, © Gordan Jankulov, © monropic, © M. Schuppich, © Mna82, © Cpro, © Grafvision, © unpict, © emmi, © rsester, © motorlka, © Barbara Pheby, © Gabriele Abu-Dayeh, © Kitty, © Barbara Pheby, © fotofund, © unpict, © victoria p, © Brad Pic, © Bernd Kröger, © womue, © Franny-Anne, © eyetronic, © Sea Wave, © unpict, © akf, © rufar, © Eva Gruendemann, © tycoon101, © canicula, © Barbara Pheby, © Bernd Kröger, © Sebalos, © monamakela.com, © maxximmm, © mankale, © shlapak_liliya, © Riccardo Spinella, © Ekaterina Lin, © photocrew, © deepvalley, © Rudolf Friederich, © alho007, © shulevich, © tycoon101, © goodween123, © Richard Schramm, © Christian Jung, © cirquedesprit, © Natalia Lisovskaya, © spaxiax, © Vera Kuttelvaserova, © digitalvox, © PhotoSG, © Kalle Kolodziej, © mates , © Printemps, © v.hafner, © Hans-Joachim Steiner, © FK-Lichtbilder, © Mari79, © la_puma, © Ildi, © Gabriele Rohde, © kab-vision, © picsfive, © Birgit Brandlhuber, © Anna Sedneva, © gtranquillity, © Yevgeniya Shal, © VRD, © racamani, © IMaster

Daniela Friedl

# Mitleid unangebracht
## Vegan leben in Österreich

Wie lebt es sich als Veganer in der rot-weiß-roten Alpenrepublik? Seinen Werten treu zu bleiben und dennoch am gesellschaftlichen Leben teilzunehmen, das erweist sich im Alltag oft als moralischer Spagat. Ein Spagat zwischen Schweinebraten und Ethik, Lederhose und Gewissen.

Erhältlich bei www.tredition.de/shop, sowie www.amazon.de

ISBN 978-3-84244-579-6

## Erschienen bei freya

Renée und Bruno Weihsbrodt

# Intelligente Ernährung
## Lebendige Vitalkost mit Wildkräutern

Niemand, der sich fleischlos ernährt, muss Mangelerscheinungen in Kauf nehmen. Bruno Weihsbrodt zeigt, wie man mit Rohkost die Übersäuerung des Körpers vermeidet, Verdauungsstörungen beseitigt und ganz von allein überflüssige Kilos verliert. Mit klassischen Ernährungsmythen wie dem scheinbar gesunden Müsli oder dem gefürchteten Eisenmangel bei Vegetariern räumt der Autor gründlich auf. Mit diesem neuen Wohlbefinden ist ein Mehr an Lebensfreude garantiert.

ISBN 978-3-99025-095-2

Siegrid Hirsch

# Die besten Gemüse- & Kräutersmoothies
## Salate, Wildpflanzen, Gemüse und Obst in den Mixer

Warum nicht mal einen Salat im Glas servieren? Verwöhnen Sie sich mit der vollen Vitamindosis. Aus dem alltäglichen Gemüse, aus Salat und sogar Wildpflanzen, lassen sich interessante und wohlschmeckende Smoothies zubereiten. Alle essenziellen, das heißt lebensnotwendigen Pflanzenstoffe wirken in unserem Körper wie die Zündkerzen im Automotor. Sie starten unseren gesamten Stoffwechsel. Die winzigen Bestandteile sind in selbst gemachten Smoothies reichlich vorhanden.

ISBN 978-3-902540-92-8